子どもたちが園庭を裸足で駆け回り、
園内の畑で大根や小松菜を収穫し、
ヤギやニワトリをお世話する。
主体性をたいせつにするので、
運動会などのプログラムは
子どもたちが決めて、
朝の会や帰りの会も
子どもたちだけで進行する。
そんな「どろんこ保育園」は
お子さんを入園させたくて、
遠方から各施設の近くに
引っ越してくる人がいるほどです。

保護者の方に人気の点として、
年齢や障害の有無で分けないという
混ざり合う保育も挙げられます。
子どもたちは、兄弟姉妹のように、
ともに遊び、ときにぶつかり、
頼り合いながら育っていきます。

もちろん、日々の保育のなかでは、
いろんなことが起こりますが、
そこは先生たちの腕の見せどころ、
園生活を通して、子どもたちの
「たくましく生きていく力」を育むために
常に考え、試行錯誤し続けています。

今回、そんな先生たちの考え方、
現場で実践している
「どろんこの子育て」を、
142人のママ・パパの
「育児の困った」に答える形で、
保護者のみなさんにお伝えします！

回答するのは、
どろんこ会グループ約１８０施設の
保育者２５００人から、
経験と知識、そして保育への熱い想いを持つ
５８人の現役の先生たち。
これまでにみてきた子どもの数は、
５８人みんな合わせて、
なんと３万人以上です。
保育のプロによる
目からウロコの集合知で、
子育ての当たり前を見直して、
もっと自由に楽しくしてみませんか？

現役保育士58人がリアルに答える

子育ての「あるある困った!」を解決する本

どろんこ会グループ 著

家の光協会

はじめに

この本を手に取っていただき、ありがとうございます。

みなさんは、どのような理由で手に取ってくださったのでしょうか。イヤイヤ期、反抗期、癇癪《かんしゃく》に悩み、藁にもすがるような思いで。子どものほめ方や叱り方を知りたくて。出産を控え、「育児ってどんなものだろう?」と興味を持って。さまざまな理由があるかと思います。

この本では、58人の現役保育者が、育児の「困った」にお答えします。北は宮城県から南は沖縄県までの日本各地で、日々子どもたちと向き合っている専門家です。作業療法士、公認心理師、社会福祉士などの資格を持つ者もおり、それぞれの視点からアドバイスをお届けします。

保育園や児童発達支援施設は、子どもたちの命を預かる現場であり、子どもの人格形成においてもっともたいせつな時期にかかわる場所でもあります。だからこそ、わたしたちは保護者のみなさんとも日々たくさんお話しします。そのさい、育児のことから、日常の出来事まで、さまざまなお話をするなかで、お悩みをご相談いただくこともよくあります。思わずほっこり笑顔になってしまう悩みもあれば、深刻な悩みもあり、一つとして同じものはありません。

そうした日々を積み重ねてきた「子育てのプロ」として、これまでの経験が、日本中で悩んでいるおおぜいの保護者の方の助けになるかもしれない！　そんな思いから、わたしたち58人は集まりました。

子どもも、保護者も、保育者も、一人ひとり異なる存在です。だから、子育てに唯一の正解はありません。この本の回答も、ただ正解を伝えるものではありません。お子さんにぴったりハマるケースもあるでしょうが、そうならないことも多いはずです。けれど、現役保育者たちの回答は、みなさんの子育てに対する見方を変え、新たな気付きをもたらしてくれるはずです。その気付きが、みなさんの助けになれば望外の喜びです。

２０２５年４月　どろんこ会グループスタッフ一同

現役保育士58人がリアルに答える
子育てのあるある「困った！」を解決する本

もくじ

第1章
イヤイヤ期と心の成長を見守る

第2章 カラダの成長と乳幼児期からの性教育

第3章 園生活と友達関係の悩みをラクにする

第4章 親子・きょうだいの関係に向き合う

第5章 コミュニケーションのつまずきをそっと支える

第6章 食事の時間に大人も子どもも笑顔になるために

第7章 生活習慣を整える

第8章 お出かけ前・お出かけ中のバタバタを和らげる

第9章 理想の親になれない! と思ったら

わたしたちがお答えします!

▶駒沢どろんこ保育園
髙井めぐみ（たかい・めぐみ）
保育士、幼稚園教諭

▶子ども発達支援センターつむぎ
浦和美園
橋本千穂（はしもと・ちほ）
保育士、幼稚園教諭、児童発達支援管理責任者

▶袖ケ浦どろんこ保育園
小松聡子（こまつ・さとこ）
保育士、幼稚園教諭

▶つくばどろんこ保育園
瀧澤佳子（たきざわ・よしこ）
保育士、中学校教員免許、JADP認定チャイルドカウンセラー®

▶中里どろんこ保育園
小川愛（おがわ・あい）
保育士、幼稚園教諭、心療カウンセラー資格

▶仲町どろんこ保育園
西村貴子（にしむら・たかこ）
保育士、調理師、中学校・高等学校教諭

▶中目黒どろんこ保育園
中村利江（なかむら・としえ）
保育士、幼稚園教諭、児童発達支援管理責任者

▶新座どろんこ保育園
新居一枝（におり・かずえ）
保育士、幼稚園教諭、スキー検定1級

▶新羽どろんこ保育園
松下杏（まつした・きょう）
保育士、幼稚園教諭

▶発達支援つむぎ 池尻ルーム
恩田奈央（おんだ・なお）
保育士、社会福祉士

社会福祉法人どろんこ会

▶朝霞どろんこ保育園
石井崇洋（いしい・たかひろ）
保育士、調理師

▶石川どろんこ保育園
加藤直子（かとう・なおこ）
保育士、調理師、弓道初段

▶板橋仲町どろんこ保育園
石堀茂雄（いしぼり・しげお）
保育士、RACリーダー

▶市川どろんこ保育園
築地駿（つきじ・しゅん）
保育士、NEALリーダー、NEALインストラクター

▶岩切どろんこ保育園
山本明子（やまもと・あきこ）
保育士、幼稚園教諭

▶春日どろんこ保育園
篠原百合香（しのはら・ゆりか）
保育士、幼稚園教諭、危険物取扱者乙4種

▶香取台どろんこ保育園
篠﨑理恵（しのざき・りえ）
保育士、幼稚園教諭、放課後児童支援員

▶北千住どろんこ保育園
金子仁美（かねこ・ひとみ）
保育士、幼稚園教諭、理容師

▶郡山どろんこ保育園
佐藤陽子（さとう・ようこ）
保育士、幼稚園教諭

▶越谷レイクタウンどろんこ保育園
榊原夏美（さかきばら・なつみ）
保育士、剣道初段

▶ふじみ野どろんこ保育園
内田あゆみ（うちだ・あゆみ）
保育士、幼稚園教諭

▶船橋どろんこ保育園
齋藤みどり（さいとう・みどり）
保育士、幼稚園教諭、民生児童委員

▶メリー★ポピンズ エスパル仙台ルーム
末永冨貴子（すえなが・ふきこ）
保育士、幼稚園教諭

▶メリー★ポピンズ 海老名ルーム
松澤ひろみ（まつざわ・ひろみ）
保育士、幼稚園教諭

▶メリー★ポピンズ 桶川ルーム
千葉彩華（ちば・さいか）
保育士、幼稚園教諭、調理師

▶メリー★ポピンズ ラスカ茅ヶ崎ルーム
池田エミ（いけだ・えみ）
保育士、幼稚園教諭

▶見附どろんこ保育園
若杉絵里子（わかすぎ・えりこ）
保育士、幼稚園教諭、児童発達支援管理責任者

▶南魚沼どろんこ保育園
田村真由子（たむら・まゆこ）
保育士、幼稚園教諭、日商簿記3級

▶三原どろんこ保育園
金子隼人（かねこ・はやと）
保育士、介護福祉士、レクリエーションインストラクター

▶宮下どろんこ保育園
羽澤佑太（はざわ・ゆうた）
保育士、NEALリーダー、RACリーダー

▶守谷どろんこ保育園
荒川直志（あらかわ・ただし）
保育士、幼稚園教諭

▶八山田どろんこ保育園
真島里佳（まじま・りか）
保育士、幼稚園教諭

▶発達支援つむぎ 海老名ルーム
庄司宜史（しょうじ・のりふみ）
公認心理師、児童発達支援管理責任者

▶発達支援つむぎ 桶川ルーム
糸賀若奈（いとが・わかな）
保育士、臨床心理士、公認心理師

▶発達支援つむぎ 香取台ルーム
森田隆之介（もりた・りゅうのすけ）
作業療法士、イエナプラン教育専門教員、児童発達支援管理責任者

▶発達支援つむぎ 北千住ルーム
奥秋優太（おくあき・ゆうた）
作業療法士、児童発達支援管理責任者

▶発達支援つむぎ 吉祥寺ルーム
石井友貴（いしい・ゆき）
社会福祉士、介護福祉士

▶発達支援つむぎ 袖ケ浦ルーム
坂井直子（さかい・なおこ）
保育士、介護福祉士、社会福祉主事任用資格

▶発達支援つむぎ 田無ルーム
井坂僚（いさか・りょう）
作業療法士、児童発達支援管理責任者

▶発達支援つむぎ ふじみ野ルーム
古川みどり（ふるかわ・みどり）
保育士、幼稚園教諭、児童発達支援管理責任者

▶発達支援つむぎ ふじみ野ルーム
佐藤愛香（さとう・あいか）
保育士、幼稚園教諭、児童発達支援管理責任者

▶発達支援つむぎ 八山田ルーム
阿久津祐太（あくつ・ゆうた）
保育士、幼稚園教諭

▶東寺尾どろんこ保育園
宮入講一（みやいり・こういち）
保育士、幼稚園教諭、小学校教諭

▶東大和どろんこ保育園
宮澤叙栄（みやざわ・のぶえ）
保育士、幼稚園教諭

株式会社日本福祉総合研究所

▶川田翔大（かわた・しょうた）
保育士、NEALリーダー、RACリーダー

▶根本美佳（ねもと・みか）
保育士、幼稚園教諭、環境管理士

▶中島紗規子（なかしま・さきこ）
保育士、幼稚園教諭、国家資格キャリアコンサルタント

どろんこ会グループ本部

▶学び事業部
黒川裕子（くろかわ・ゆうこ）
保育士、幼稚園教諭

▶広報部
諸我忠明（もろが・ただあき）
青木利津（あおき・りつ）
松本敬子（まつもと・のりこ）
高橋知子（たかはし・ともこ）

※所属別・施設名50音順
※2025年1月時点の所属

▶読売ランド前どろんこ保育園
松久保陽子（まつくぼ・はるこ）
保育士、幼稚園教諭

▶若林どろんこ保育園
門脇篤子（かどわき・あつこ）
保育士、幼稚園教諭、剣道2段

▶和光どろんこ保育園
大島奈美子（おおしま・なみこ）
保育士、幼稚園教諭

株式会社ゴーエスト

▶メリー★ポピンズ 赤羽ルーム
佐々木俊彦（ささき・としひこ）
保育士、幼稚園教諭、特別支援学校教諭

▶メリー★ポピンズ 朝霞台ルーム
柳あすか（やなぎ・あすか）
保育士

▶メリー★ポピンズ kids北朝霞ルーム
坂井まゆ美（さかい・まゆみ）
保育士

▶メリー★ポピンズ 志木駅前ルーム
古賀文子（こが・あやこ）
保育士、幼稚園教諭

▶メリー★ポピンズ 豊洲ルーム
石原幸太（いしはら・こうた）
保育士、離乳食アドバイザー

▶メリー★ポピンズ 成増ルーム
朝重雅恵（ともしげ・まさえ）
保育士、幼稚園教諭、防災士

▶メリー★ポピンズ 東神奈川ルーム
沖理菜（おき・りな）
保育士、小学校教諭、養護教諭

▶メリー★ポピンズ 和光ルーム
髙安百合子（たかやす・ゆりこ）
保育士、幼稚園教諭、調理師

物欲には
絶対負けん！

こだわりじゃなく
お気に入りで

第1章

イヤイヤ期と心の成長を見守る

「25％ルール」で
ほめる

涙が心の安定に

1

イヤイヤ期です。スーパーで、自分の欲しいお菓子を買ってもらえるまでその場から泣いて離れません。

（女の子・2歳）

A1 イヤイヤ期だから反抗するわけじゃない

保育の現場でも、散歩に出た先で子どもが「ぼくまだかえりたくない！」となることがあります。そんなとき、わたしたちは「その子がいまどういう気持ちにいるのかな？」と考えます。**イヤイヤ期だから反抗するんじゃなく、その子にとってはそうせざるをえない理由があり、そうせざるをえない感情があると理解する**ようにしています。だから、その子の感情の調整を試みるというよりはあたたかく見守ります。

A2　子どもは、イヤイヤも認めてほしい

お子さんのなかには、イヤイヤするなかで、反対に「わたしのことを見て」という気持ちもあります。イヤイヤする気持ちも認めてほしいんです。わたしのことを見てねというサインといえばいいでしょうか。だから、受け止めてあげることが大事なんです。**「そっか〜、いま○○なんだね〜」といいながら、抱っこする**とか。

A3　物欲には絶対負けん！

親も試されていますよね。避けたいのは「買わないっていったよね！」とさんざん怒るだけ怒ったあとに、「わかった。今日だけは買うね」というパターンです。買うんかーい！　だったら最初から買えばええやないかーい！　と思っちゃいます。**怒っちゃいけないんだけど、譲らない部分は譲っちゃダメです。とにかく物が欲しいという場合は絶対に譲らない**ことです。

A4

わたしの宝物

イヤイヤについては、子どもが「はい、わかりました」となることが必ずしもよいことではないと思います。揺れ動く時期にいる子たちだから、グズったり、泣いたり、騒いだりするのは当然なんです。でも、「そういうイヤイヤしてグズってるあなたも大好きなんだよ」と感じてもらうのがいちばんいいのかなと思います。**「イヤイヤしてるあなたも、してないあなたも両方あなた、わたしにとってはあなたは宝物」**です。ただ、その示し方は状況によって変わります。ギュッとしてあげるのがいいかもしれないし、言葉がいいかもしれません。お子さんの様子を見て変えましょう。

2

なんでもかんでもイヤイヤします。一度そうなるとテコでも動かない状態になるので外出先で困ります。スーパーのトイレのなかでしゃがみ込んだまま動かなくなったときはほんとに途方にくれました。

（男の子・2歳）

A1

気持ちがほどけるまで待ってみる

動かなくなる子、いますね。理想的な対応は、本人の気持ちがほどけるまではお付き合いすることです。「いいよ～、ちょっと待とうか」と。無理やり動かそうとするとより頑固になるだけ。癇癪《かんしゃく》を起こしてなにがイヤだったのか、本人もわからなくなったりします。年齢が低いと難しいかもしれませんが、**本人が冷静になって、動いたあとで「なにがイヤだったの？」と聞くと、教えてくれたりする**ものです。

A2　今だけ今だけ

イヤイヤ期といえば、このあいだ「着替えないから、パジャマで来ました」ということがありました。もちろん「いいですよ〜」とお預かりしました（笑）。とにかくイヤイヤ期は保護者さんも途方にくれちゃいますよね。でも、急に終わるものです。だから、**「今だけ、今だけ」と自分にいい聞かせて乗り越えるのが基本**です。

A3　引っ込みがつかなくなっている

最初、なにかのきっかけで「赤がイヤ、青がいい」といっていたとします。「じゃあ青にしようか〜」といっても、イヤイヤ期はもう赤だの青だのいわれるのがイヤ、すべてがイヤ、**そもそもなにがイヤだったかもわからなくなって、引っ込みがつかなくなる**んです。わがままをいっているわけではなく、子どもも困っているという状況であることを理解しておくことも大事です。

A4　対応者をチェンジ

わたしたち保育士は、一人の先生がやってダメなら、「次、わたし替わるね〜」みたいな

形でバトンリレーのようにします。すると、なにかの拍子に子どもも「もういっか～」「この先生だけは勘弁してやるか」みたいな感じでうまくいくことがあるんです。

たとえば、うちの園の2歳の子で給食を食べない子がいます。その子は給食の時間にギャーッと泣いちゃう。そうなってしまうと、そのとき担当していた先生がかかわってもどうにもならないから、「じゃあごめんね、先生ご飯食べてくるね～」と違う先生にお願いします。そのとき、替わった先生が「先生も給食まだなんだけどいっしょにどう？」というと、普通に手をつないで席に着いたりします。それでもイヤな子は、さらにもう一人替わるとうまくいったりしますね（笑）。

だから、お母さんがイヤイヤされたらお父さんが、お父さんがイヤイヤされたらお兄ちゃんが行く。意外と他の子どものいうことだと聞いたりするんです。園でも他のお子さんにお手伝いをお願いすることがあります。うちは異年齢保育の園ですので、年少さんが座り込んで動かないときは、年長さんに「あの子呼んできてもらえる？」「手をつないで帰ろうっていってみて？」とお願いすると素直に聞いてくれることが多いですね。

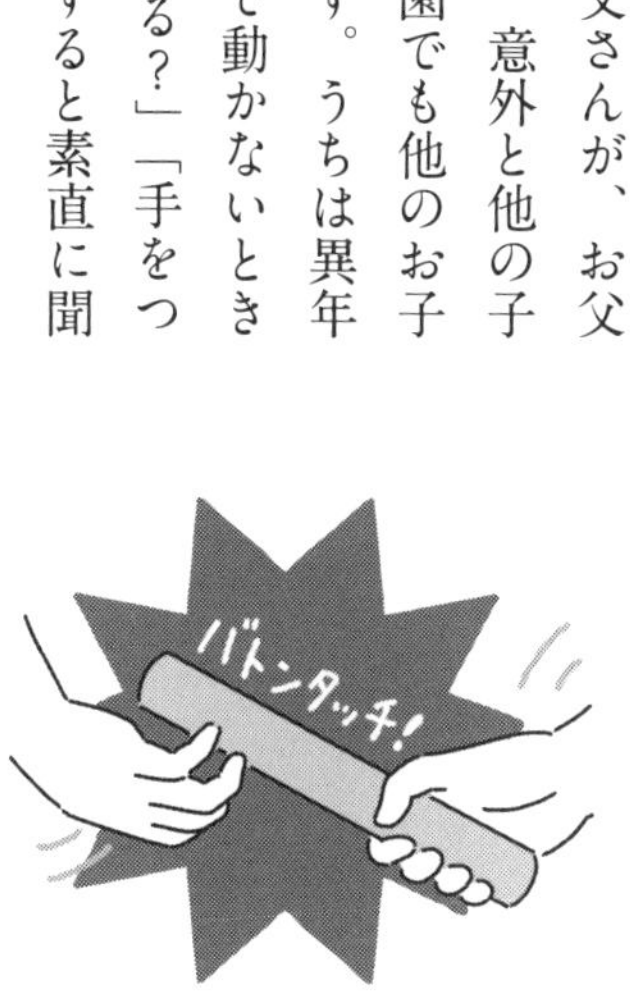

3

なんでもイヤイヤというイヤイヤ期に突入！上手に言葉で誘導できればいいのですが、言葉足らずな自分に日々落ち込むばかりです。

（女の子・3歳）

A1　この時期なら当たり前

落ち込むことはないです！　この時期なら当たり前の子どもの姿です。**そもそもですが、感情が高ぶっているときにだれかのいうことに耳を傾けることは、大人でも難しい**ことですよね。今日はこうしてうまくいった、今日はうまくいかなかった。もう楽しんじゃうくらいがちょうどいいんです。

A2　親も自分のしたいことを！

お子さんといっしょに「お母さん・お父さんがやりたいこと」を一生懸命楽しみましょう。そうすれば「この子といっしょにいて楽しい！」という気持ちになりやすいです。お母さん・お父さんが笑顔でいるのがいちばんです。

4

「このスプーンじゃないとダメ！　この服じゃないとイヤ！」と、こだわりが強すぎます。

（男の子・3歳）

A1

思い通りにならない経験が柔軟性を育てる

せっかくなので、「こだわり」を「自立の力」につなげてみましょう。たとえば、お子さんが自分で服を選べるように箱にまとめ、自分の好きな服を選んで準備する。スプーンも使い終わったあとは自分で洗って次のために準備をしてもらうなどです。

大人からしたら「どれも（同じ）スプーン」「どの服だって、いいじゃない」と思うことも多いのですが、お子さんから見ると買ってもらったのがうれしい「特別なスプーン」「特別な服」なのかもしれません。そういう思いもとても素敵なことだと思います。

今はこだわりが強くとも、これから自分の思い通りにならないことも多く経験するなかで気持ちの柔軟性が育ち、次第に興味の幅も広がってくると思います。

5

意に沿わないことがあると、ブリッジしてギャン泣き。立った状態からブリッジするので、こちらの反応が遅れたら頭を打って死ぬと思う。

（男の子・3歳）

A1

立ち位置が大事

確かに園でもあります。こうしたときは立ち位置に気を配ります。背中側に回り込ん

A2

こだわりじゃなくお気に入りで

できるだけ付き合ってあげたいけど、ちょっと限界……。その気持ちわかります。無理なときは、「そうだね。〇〇がよかったね」と子どもの気持ちを受け止めながら、お願いするような言葉で、こちらの事情を話してみましょう。**こだわりと捉えず、今のお気に入りと捉えてあげると、お母さん・お父さんも楽になれるかも。**

でおいて受け止めるとか。ただ、そのときの**反る力はすごく強いので、大人でも受け止めきれないときがあります。そうしたときは大人が壁に背を付け、支えにします。**頭が床にいかないように、もちろん注意します。

A2 気持ちの発散を違う方向に

こうした行動で気持ちを示すということは、気持ちをうまく伝えられないということです。**言葉にできない気持ちをこちらが汲み取って「そうだったんだね」「イヤだったんだね」と代弁してみましょう。**そのうえで、気持ちの発散をブリッジ以外で代替する方向に持っていきたいですね。たとえば「今度からは、こんな風にいってね」と伝えるのはどうでしょうか。

A3 お互いのギリギリをすり合わせ

大人と子どもで意見がぶつかっているなら、「わかった。じゃあ、今日はやめてみようか」と気持ちに寄り添ってあげてもいいと思います。**大人もカッとして突っ走っちゃいがちですが、少し妥協してあげて**も……。お互い押し通そうとして突っぱねて、平行線になってしまうとたいへんですから。子どものギリギリセーフと大人のギリギリセーフのすり合わせですね。

とはいえ、**小さいときにこうやって自分の気持ちを表出できるのは、すごく大事**なことです。むしろ、表出しないケースのほうが注意が必要かもしれません。一生こうした状態が続くことはありません。自分の言葉でいえるようになったり、折り合いが付けられるようになると、自然と落ち着きます。今はめちゃめちゃたいへんだと思います。でも、落ち着くときはきます。それを知っておけば、少し気持ちも変わってくるのではないでしょうか。

6

うちの子は、自分が気に食わないことがあるとイライラ暴力的になってしまいます。地面に座り込んでしまうことも……。

（男の子・2歳）

A1 お互いに落ち着いて

2歳前後から子どもは興味や関心が広がります。「○○したい」という思いや意思表示も強くなります。「成長している証拠」とわかってはいても、外出先でされたり、何度も繰り返されると周りの目を気にして保護者もイライラしますよね……。

1　やってよいこと・悪いことはシンプルに毅然と伝えましょう。可能であれば場所を変えて**静かな場所に移るなどしてお互いにクールダウン**します。

2　思い通りにいかないことがいきなり起きると、子どもは自制する力が成長途中なので怒りを爆発させがち。お子さんの思いを確認し、事前に予想されることをいっしょに確認することで心の準備をしておくのがおすすめです。

A2 子どもの気持ちに寄り添って

感情表現の一種ですね。言葉でどのように表現をしたらよいかわからず、行動として表れているのでしょう。暴力的になる場面を見ると、「保育園でもやっていないか、公園で遊ばせて大丈夫なのか？」って心配になるかと思います。しかし、相手に対しての感情の出し方は経験でしか学べません。多くの人とのかかわり、思い通りにならないことを経験することで自分の感情をコントロールし、相手に対してどのように気持ちを伝えるかが身につきます。

時間にゆとりがあるときは、子どもの気持ちに寄り添って話を聞いてあげると、気持ちを切り替えてくれる場合もあります。「どうしたかった？」「なんでそんなに怒ってるの？」と子どもの目線に立って話しかけてください。話を聞いてくれるというスイッチが入ると思います。また、**泣きながらでも子どもは必死に伝えようとしています。大人は、途中で口を出さず最後まで共感しながら聞いてほしい**です。

ただ、暴力に対しては、笑いながらや中途半端な対応はしないでください。ダメなことは「ダメ」としっかりと話すことが大事です。どうして人を叩いたりけったりしてはいけないのかを具体的に伝えてください。1回でわからなくても繰り返し伝えることで理解していくと思います。

7

注意するとにらみつけるようにこちらを見ます。その後、なにを聞いてもしばらくの間は「ふんっ」とそっぽを向いてふてくされます。

（女の子・4歳）

A1

「葛藤《かっとう》の4歳児」には共感が基本

わたしたち保育者の間では、4歳は「葛藤の4歳児」といわれる時期。他人の気持ちが理解できるようになると同時に、相手に自分の気持ちがわかってもらえないかもしれない……と不安になったり、泣きたいのを我慢したりします。

保育園では大人が落ち着いて話を聞き、その子の思いや「どうしてほしかったのか」を代弁するようにしています。自分の気持ちをわかってくれたと感じることで癇癪がおさまり気持ちが落ち着くことが多いです。

「にらまないでね」や「そっぽ向かないで」といってしまうと、かえって逆効果。葛藤しながら成長している時期と思ってあたたかく見守っていきましょう。

A2 一歩引いて見守って

お子さんと同じ土俵に立たず、一歩引いてゆとりを持ってみてあげましょう。葛藤しているのですからなにもいわずに待ち、落ち着いたら、**あえて向き合う必要もないと思います。なんでもかんでも話し合って裁判しなくてもいい**と思うんです。ときにはそのまま流しましょう。「ところでさっきの顔なに?」なんていうと第二ラウンドがスタートしちゃいます。

8

ゲームなどで負けると大声で泣き出して部屋を出ていきます。しばらくムスッとしていて機嫌が悪い状態が続きます。遊びなんだからもっとおおらかにできないものか……。

（男の子・5歳）

A1 気持ちに共感！

大人も負けると悔しいですよね。負けて泣くほど悔しいという気持ちがしっかりあることはとてもよいことだと思います。悔しい気持ちをどう表現するのか、どう切り替えていくのかは、これから自分で見つけていくところなのでしょう。

大人はついつい「遊びだから」と思っちゃいますが、お子さんにとっては「大きな負け」の一つです。**たいせつなのは負けて悔しい気持ちに共感してあげる**ことです。

9

息子は、あらゆることに自信がありません。ひょっとして叱りすぎたんでしょうか。「どうせぼくなんて……」が口癖です。

（男の子・4歳）

A1 「自分のままでいいんだ」と感じさせて

お子さんがいろんなことにチャレンジし、イキイキと過ごす姿を見たいですよね。でも、ちょっと裏返して考えてみて。こうした言動は、物事を注意深く観察し、「これはボクにはできるかな？　どうかな？」と考えられる力を持っている証です。また、よりよくありたい、もっとこうありたいという願いも隠されている気がします。

お子さんが、さまざまなことにワクワク自信を持って取り組むには、自分のそのまんま、ありのままを認めてもらえる関係が必要です。それを得られたとき「自分でいいんだ！」となり、世界を広げていきます。

お子さんがちょっぴり不安になったとき、立ち止まったときに**隣でそっと背中をさすりながら「どうしたの？　大丈夫だよ」と寄り添い、気持ちをそっと引き出す。**まずは、

そんなかかわりを続けるのはいかがでしょうか。

10

遊びを終わらせることができません。「まだ終わりたくない！」といって延々と続けます。

（男の子・4歳）

A1 子どもに決めてもらう

「あと○回でおしまい」を、お子さんといっしょに考えて、お子さん自身に決めてもらうのがいいと思います。お母さん・お父さんが夕ご飯の支度を終えたのにまだ遊んでいるときなんかは、「お母さん・お父さん、先に食べ始めているから、遊びが終わったら来てね」「今日は○○ちゃんの好きなハンバーグだよ」くらいがいいかな～。

11

とにかく飽き性で困ってます。いろんなものに興味は示すんですが、どれも長続きせずに次へいってしまいます。

（女の子・5歳）

A1 今だからこそ広く浅くも大丈夫

まだ自分はなにが好きなのかがハッキリせず、探っているところでしょうか。お子さんの将来はまだまだ先が長いです。**この時期は、一つのことに深入りすることも、広く浅くいろいろなことを体験することも、両方よいことです。その経過のなかで、次第に自分が本当にやりたいことを見つけていく**ので、今は興味を示したことにいっしょに驚いたりおもしろがったりしてはどうでしょう。それをきっかけに興味が深まるかも！

12

自分の非を認めない。自分がしたことで問題が起こっても、嘘をついて逃れようとする。

（男の子・5歳）

A1　「嘘つき」から、いったん離れませんか

お子さんの言動が原因で問題が起こった場合、その言動について言及することはいったん置いておいて、起こったことについていっしょに考えましょう（もちろん、時と場合にはよりますが）。

たとえば、お子さんがルールを守らなかったことが原因で店の商品に手が当たり、物が壊れたとします。「なにやってるの！」と注意したいところですが、「なぜ壊れたのか」をいっしょに考えてみます。「なぜ壊したのか」「なぜ暴れたのか」ではなく「なぜ壊れたのか」であれば答えは明確です。「ぼくの手がぶつかったから」。この事実をいったん共有することで、「では、なぜ手がぶつかったのか」といっしょに考え、手がぶつからないためにどうすればよかったか、次はどうすべきかも、お子さん自身で考えを出すことを目指します。

なお、いったん置いておくのは「嘘をついて逃れようとする行動の裏側にある心情を汲むため」です。もしかしたらこれまでに、正直にいっても叱られた、すぐに謝っても解決につながらなかった、といった経験があったのかもしれません。

もしそうだとすると「なんでそんなことしたの！」と叱ったり問い詰めたりしても、お子さんは、さらにその場を回避しようとする可能性があります。いったんその場の出来事を整理する思考を挟むことで冷静になれるのではないでしょうか。冷静になると自分の非を認めるのかというと、認めないかもしれません。しかし、この手順は「なぜその問題が起こったのか」に意識が向きやすいため、おすすめです。

A2 まだ5歳、そこまで詰めなくても

いいわけから入ってしまうことって、大人でもありますよね。怒られたくないから、怒られる要素をつぶしにいくというか……。そういう人って、これまでよっぽど怒られてきたんだろうな、と思います。**お子さんの言動は一種の自己防衛**かもしれません。家庭にルールがたくさんあると、お子さんはたいへんです。絶対に勝てない相手から正論で詰められるのって、大人でもイヤじゃないですか？　そもそも親だって自分がなにか

したときにお子さんに対して非を認められる人は少ないと思います。まだ5歳、そこまで詰めなくてもよいかもしれません。

13

自分の気持ちを話すのが苦手。「どうしてそうしたの？」と聞いても、なにもいわない。いえない。

（女の子・2歳）

A1　今は代弁でOK！

言葉の育ちは個人差が大きく、小さいうちは、自分の思いを正確に伝えるのはまだまだ難しいです。海外の高名な大学の名前を冠した「○○式子育て！」みたいな本をお読みになっていたりすると、どうしてうちの子は自己主張しないんだろう……と不安になってしまうかもしれませんが、大丈夫。**大人の側が「○○だったのかな？」と代弁してあげればOKです。「どうして」と掘り下げていくのはもっとあとでいい**と思います。

A2

大人が自分の話をしてあげる

保育園にもこうしたお子さんはたくさんいます。そしてわたしの子も自分の気持ちを伝えることが苦手でした。親としては、「なんでいえないの？」と吐き出させようとしてしまいがちですが、いえないものはいえないんです。聞き出そうとすればするほど、子ども自身は苦しくなってしまいます。**質問するより、お母さん・お父さん自身が「今日ね、ママ（パパ）こんなことがあって、こんな気持ちだったんだ」などと、気持ちを伝える**ことを習慣化してみてはどうでしょう。それに対して「どう思う？」と聞いたら、話しやすいかもしれません。

わたしの子も発言するのが苦手で、友達の意見に賛同するばかりだったところ、先生に意見をいうように注意され、帰宅して悩んでいたことがありました。「人のいったことにイイね！　というばかりでなく、自分の意見もいいなさいといわれた」と。

わたしは「でも『うんうん、イイね』って聞いてくれる人がいるから、意見がいいやすくなる人もいるし、聞く人がいるから平和にまとまることもあるんだから、無理をしなくていいんだよ」と伝えました。いえないことを悩むより、この子はこの子、それでいいんだよ……という気持ちになれるといいですね。

14

吃音《きつおん》です。語彙がたくさん増える時期なのですが、発音が難しいのか頭での処理ができていないのか、言葉の一音目が詰まったり、繰り返しになってます。すごく気になるのですが、どうすればいいんでしょうか？

（男の子・4歳）

A1

いい直したり訂正はしないで

話すたびに気になると思いますが、あえてそのことには触れず、話してくれたことをうれしいということを伝えていくと、時間はかかりますがいつの間にか治ることがあります。いい直したり、訂正したりはなさらないほうがよいと思います。どろんこ会には言語聴覚士もいるので相談してみたところ、舌の使い方が身についていなかったことがわかり、専門士と練習を重ねることで改善につながったというケースもありました。**ご心配であれば、専門機関に相談して**みるのもいかがでしょうか？

15

やりたいといったから始めたスイミング。いつも行くのをイヤがるのでやめようかというとそれはイヤだと泣く。どっちなの？

（男の子・4歳）

A1 葛藤のとき。お互い話し合ってみて

行きたくない理由があると思うので、一度話してみるとよいかもしれませんね。そのうえで**習いごとの仕組みを伝えてみる。**スイミングについて話し合い、そのうえで続ける・やめるを考えていく。お互いが納得したうえで進めていけるとよいですね。

A2 大丈夫、逃げ癖はつきません

どろんこ会でも、英語、スイミング、体操の教室をやっています。なので、似たような話はよくあります。「途中でやめたら、始めたことを続けられない子になる」と不安に感じていませんか？　**やめ癖、逃げ癖がついたらどうしようって。これまでいろいろなお子さんをみてきましたが、乳幼児時期ならやめてもそんなことにはならない**と思います。

A3　大人でもよくあること

お子さんは、いままさに葛藤している最中です。お子さん自身もどうしたいのかわかっていない。なので、「あなたがいい出したんでしょ」などは、いわないでください。葛藤していることに対して**相談にのってあげるスタンスでいきましょう！　行きたくないけど、やめるのもヤダ。大人だってよくある**じゃないですか。

もしかすると、「水着がイヤ！」「もっと遊びたい時間だった」「ママ・パパといっしょにいたい」……スイミング以外のことで「イヤ」があるのかもしれません。

16

泣き出したら長時間泣くが、泣き続ける理由が全くわからない。2~3時間泣き続けられると本当にしんどい。

（女の子・3歳）

A1 涙が心の安定に

ちょうど昨日、うちの園でもずっと泣いている子がいました。もう本人もなんで泣いているのかわからなくなっていたと思います。泣きすぎてコントロールが利かなくなるんです。ただ、それだけ泣くとなると、**泣くのがそのお子さんにとって自分を保てる手段になっている可能性もある**と思うんです。特定の刺激がないと落ち着かない子がいますが、お子さんは泣くことを刺激にして自分の均衡を保っているのかもしれません。周りからしたら、泣いているんだから本人はつらいんだと思えても、本人にとっては自分を落ち着けるために刺激をどんどん取り入れているんです。

とはいっても、周りの方もお母さん・お父さんもしんどいでしょう。泣くのではなく、遊びなど別のことに入っていけるといいですね。

17

怖がりですぐに泣きます。一人でトイレに行けないので家事で忙しいときにでも手を止めてついていかなければならないし、終わるまでずっとトイレの前で待ってないといけません。どうすれば怖がらなくなりますか？

（女の子・4歳）

A1 子どもといっしょにスモールステップで

幼児期の子どもの恐怖対象は大きな音、見知らぬ大人、場所、高いところ、痛みなどですが、それ以後は、想像上のもの、空想的なもの、暗闇、一人でいることなどを怖がるようになります。**なにが怖いのか、原因を明確にしましょう。どうすれば一人で行けるようになるか子どもといっしょに考え（廊下の電気を付ける、部屋からお父さんかお母さんが見ている、トイレの外から声をかけるなど）**、スモールステップでお子さんと相談してはいかがでしょうか。

18

メンタルが弱く、すぐすねて「どうせできないからやっても無駄なんだ」とへそを曲げます。励ましても「でもでもだってって」ばかり。

（男の子・5歳）

A1

「過程」を大事に

苦手なことに対する挑戦って、すごくたいへんです。ときには、本人が「やらない」と決めた意思を尊重して、挑戦自体をやめる選択肢もあると示しましょう。それで不安が和らぎます。「できていないこと」に焦点を当てずに、「できていること」をほめた

A2

大丈夫、今だけ今だけ

たいへんだと思うんですが、不安なときはいっしょにいてあげていいと思います。大人になってもついてきてとはいわないですから。今だけですよ。

り、「どうせできない」と思っていることをいっしょに楽しんでみるのも手だと思います。**結果をほめるのではなく、取り組んでいる過程をほめたい**ですね。

A2 大人が挑戦して見せて

自信を持つのって時間がかかります。まずは不安を受け止めてあげることがお子さんの安心につながります。また保護者さんもいっしょに挑戦するのはいかがでしょう？ どろんこ会でも**まずは保育者が背中を見せて、遊んだり多くの物事に挑戦します。**その姿を見ている子どもたちに「いっしょにやらない？」「やってみない？」と誘うと「できないよ」「やってみようかな？」と口にしながら挑戦してくれることがあります。大人も失敗していいんです。「お父さん・お母さんもどうやったらできるかな？」と会話を広げることでお子さんも「いっしょに頑張る！」と気持ちが上向くかも。いっしょに成功を体験することで喜びを共感でき、何事にも挑戦しようとするきっかけになるといいですね。

19

人を押し叩きながら怒ってくるのに、自分が怒られると泣いて手が付けられません。

（男の子・2歳）

A1

自分の気持ち、他人の気持ち

お子さんのなかでは自分は正義で、不正義に対して怒っているんです。正義の自分が被害者になったんだからすぐに泣く。ある意味、すごく真面目な子なんじゃないかと思います。その真面目が他の人にとっては違った受け取り方になると、伝えることがたいせつです。**「うんうん、○○くんはそう思ったんだよね。でも、△△ちゃんはどうだろう……」といって、自分とは違う相手の気持ちに気付いてもらう**んです。この年齢だとまだ「自分が」の気持ちが強いけど気付けるときはきます。

A2 大人も子どももクールダウン

クールダウンするまで、放っておきましょう！　これまでこうしたとき、どのように対処なさってきましたか？　なんとかしようと**熱くなってしまって、逆にドツボにはまっているのではないでしょうか。一つ落ち着くまで待ってみませんか？「泣きやんだらお話ししてね、お母さん・お父さん待っているから」といって、お子さんだけでなくご自身も落ち着かせる**のがいいと思います。

こうした状況は、セルフコントロールの力を獲得できるよい機会です。お子さんがセルフコントロールをして、お子さんからお母さん・お父さんのところに来るのを気長に待ちましょう。

20

癇癪がひどく、思い通りにならないと泣き叫んだり、物を壊したりします。どうすれば癇癪を押さえられるんでしょうか。

（女の子・4歳）

A1 クールダウン中の見守り方

保育の現場では、「あ、やるな……」と思ったときはすぐに駆け寄ります。外にいて土を投げるくらいなら、「どうぞどうぞおやりになってください」なんですけど、屋内で危険なことになりそうなときは、やっぱり手を押さえる。あるいは近くにある物のほうを遠ざけます。もっとも、それでその子が落ち着くわけではありません。

ケースバイケースですが、「どうしたらクールダウンしてくれるかな」と考えます。**クールダウンは、遠くで見守るのがよいときもありますが、そんなときも「ここにいるよ」と伝えます。「大丈夫だよ」というまなざしで、「わかっているんだよ」と。子どもってすごく感受性が鋭いので、言葉に出さなくてもちゃんと響きます。**落ち着いたらそばに行くときもあるし、「今行っていい？」と聞いて「ダメ」と断られることもあります。いろいろです。

A2 「やめて」は火に油

「これこれこうだったから怒りたくなっちゃった」というところに理解を示してあげます。そうすれば、その子なりに落ち着きます。**「やめて」とか「癇癪起こさないで」なんていったら、火に油を注ぐようなものです。その子にもちゃんとわけがあって怒っている**んです。どういう文脈のなかでお子さんがそうなったかにヒントがあります。なので、落ち着いてから、「これこれこうだったのか〜」と、その子なりの答えを聞きます。

A3 先生に相談しよう

癇癪を起こしているときは、自分自身でもどうしていいかわからなくなります。お子さん自身がいちばん困っている状況です。もし**保育園や幼稚園に通っているようでしたら、その施設での様子を先生に相談して**はいかがでしょうか？

21

寝起きや眠くなったときの癇癪がすごい。今日も朝から2時間暴れ続けた。眠くなると年長の姉に八つ当たり。おやつを用意すればこれじゃないと激怒……王様なのでしょうか？

（女の子・3歳）

A1

「怒らなくても伝わった」を重ねよう

ついつい、「うるさい」「いい加減にして」といいたくなってしまいますが、逆効果かも。わかってもらえないから子どもはそうするしかないんです。そんなときには「～がイヤだったんだね」「なんだか眠くなってきたね」と言葉にしてみてください。それでもおさまらないときは、その場から一度離れて待つのも一つの方法です。離れている間に、お母さんやお父さんも気持ちの余裕を作りましょう。落ち着いてきたタイミングで話しかけてみてください。

癇癪がおさまるためには、**怒って泣いて暴れたら要求が通った、ではなく、「怒らなくても伝わった」と思ってもらうことがなによりも大事**です。

22

靴を履くのも洋服を着るのも歯を磨くのも、とにかくだれかにやってほしい。もう少し自分でしてほしいです。

（女の子・3歳）

A1

お話ししながら、ちょっぴりお手伝い

お子さん、甘えたいのかな？　もしそうなら、まずは会話をしながら手伝ってもよいと思います。**靴を履くシーンなら「右の靴は履けるかな？　ママ・パパは左の靴を履かせてあげるね」という感じ。**お着替えなら「どれなら自分で着られるかな？」です。

23

負けん気が強く絶対に負けたくないため、ゲームやスポーツでルールを守らず、友達と遊んでもらえない。

（男の子・5歳）

A1 負けたときに受け止める

まずは、やる気があることを認めてあげてください。そして、負けたときには、「悔しかったね」という気持ちを受け止め共感してください。

A2 「25％ルール」でほめる

見ていてハラハラしますよね。「勝ちたい」「負けたくない」と思うのは、そのゲームやスポーツをよく理解し、集中して取り組んでいる証拠。だからこそ、周りの人とゲームそのものを楽しむことより勝敗を優先してしまうのです。ただ、ルールを守らないでいると、お友達といっしょに遊ぶことができなくなります。そこから、つまらない・遊びたい、という気持ちが育つと、どうすればみんなといっしょに遊べるのかを考えるようになります。

ほめるさいですが、全部終わって結果が出たときだけではなく、**やろうとしたとき、やり始めたとき、やっているとき、すべて終わったとき、それぞれほめる**「25％ルール」という手法があります。自分のことを見ていてもらえる安心感や、やろうとしただけで認めてもらえるので挑戦しようとする気持ちも育ちます。

24

右手の親指の指しゃぶりがなかなかやめられない。

（女の子・4歳）

A1 自然となくなります

指をしゃぶる理由はいくつか考えられます。いちばんありえるのは、心理的な問題（緊張、疲れている、眠い、退屈など）から安心感を求めているパターンです。指しゃぶりを

どの場面でしているのか観察し、心理的な理由の解決を図りましょう。やめさせるような言葉をかけると、子どもにとってはストレスになるので、**様子を見ながら、成長を待つというのも選択肢に入れるのがよい**です。大丈夫。大人になっても指しゃぶりをする人はいません！　成長すれば自然となくなります。

A2　指しゃぶりは心の杖

指しゃぶりや布を触っていると安心……心の杖になるんですよね。もしお子さんが不安そうな様子だったら、そばで優しく「どうしたの？」とどんな気持ちか聞いてあげ、「大丈夫だよ」と言葉を掛けてあげましょう。**つまらなそうにしているなら手を使った遊びをいっしょに楽しんで**みても。

幼児の自慰は
性欲からではない

性教育チャンス!

第2章

カラダの成長と乳幼児期からの性教育

汚いのは

の方だよ

なかの穴

らだよ!

お昼
健

裸足でG

おうち遊びでも

お昼寝なしでも
健康ならヨシ

それ、
発散したいだけかも

25

ちんちんが固くなった〜と見せてきます。

（男の子・4歳）

A1 性教育チャンス！

性教育について保護者向けの講座で話すことがありますが、そのさいにもよくいただく質問です。いけないことだというより、興味を持っているのだなと考えるとよいと思います。

まずは頭ごなしに、なにいってるの、やめなさい、恥ずかしいなどと否定するのはやめましょう。笑ったりバカにしたりするのもよくありません。まずは「そうだね。そうなるときもあるよね」と心配しないでいいことを伝えましょう。

なんで見せたらいけないの？　と聞いてきたら、おちんちんはたいせつなものなのだと伝えるチャンスにもなります。性教育に関連する絵本がたくさん売っていますので参考にしてみるのもよいと思います。

26

プライベートゾーンの見せ合いっこをしていました。「ダメだよ～」と軽く済ませたのですが、きちんと説明すべきだったかも……。

（男の子・4歳）

A1　性被害・加害につながらないよう、「なぜ」をていねいに

乳幼児期の子どもは好奇心が旺盛！　自分や他者のカラダ、男女のカラダの違いに気づき始めると、「なぜ？　どうなってるの？」と知りたい気持ちであふれ、見せ合ったり、自分や友達のカラダを触って確かめたくなったりします。

そんなときは叱らずに、でも、真剣な表情で説明してあげてください。

まず、プライベートゾーンだけでなく、「自分のカラダは自分だけの大事なものだよ」と伝えましょう。そのなかでも、水着で隠す部分（胸、性器、お尻）と口は、命やカラダのなかにつながるとても大事なところだから、見せ合いっこをしたり、無理やり見ようとしたりするのはいけないことだと話します。

将来、性暴力の被害者にも加害者にもならないために、「見せて」といわれたら「イヤ

だ」という。「イヤだ」といわれたらやめなければならないことも、しっかり伝えておくとよいですね。

どろんこ会が未就学児に実施している性教育では『おちんちんのえほん』（やまもとなおひで著・ポプラ社刊）を読み聞かせしています。

また、どろんこ会では、「家庭で始める性教育」をテーマにした保護者向けの講座を定期的に開催しています。機会があったら、ぜひ参加してみてください。

27

自慰をする。

（男の子・5歳）

A1

幼児の自慰は性欲からではない

子どもの自慰に、大人は戸惑い、つい「やめなさい」と叱りそうになるものです。でも、自慰は自然な行為です。愛情不足が原因といわれることもありましたが、そうではありません。

幼児の自慰は思春期以降の性行動とは異なります。性器を触っているうちに圧迫感や刺激から偶然気持ちよさを知って、心地よさや安心感を得たいとき、不安な気持ちを落ち着かせたいときに行うといわれます。

自慰を見かけたら、穏やかな口調で「性器はプライベートゾーン（水着で隠れる場所）といって人に見せたり触らせたりしてはいけないし、人前で触るのもよくない。自分だけのたいせつな場所なんだよ」と伝えましょう。大人側が落ち着いて、「自然なこと」として受け入れて、伝えるべきことを正しく伝えるのが大事です。

「自分で触るときは、一人になれるところや人がいないところで、きれいな手で触ろう」ということを加えるのもよいでしょう。

また、他のことに興味が向くように身体を使った活動や、お子さんが集中できそうな遊びに誘って、スキンシップを図ることをおすすめします。

28

わたしの胸をもんできます。触ってほしくないと思っているのですが、どう伝えたらよいでしょうか？

（男の子・5歳）

A1 素直に気持ちを伝えてみては

保育士もよくもまれます（笑）。親子のスキンシップだと思いますが、もしお母さまご自身がイヤだと感じるさいは「それはイヤ。触ってほしくないんだよね」と**素直に伝えてはいかがでしょうか。怒る必要はありません。**

「おっぱいは大事なものだからね、触っていいものじゃないんだよ」ときちんと伝え、触るのをやめてくれたら「わかってくれてありがとう」といえば、あなた自身を否定しているわけじゃない。あなたがイヤなわけじゃないんだよ、という意図も伝えられます。

将来的なこともふまえると、どんなことも同意のうえでするのが基本です。「子どもだから～」ではなく、しっかり伝えて、同意を得ることのたいせつさを知ってもらいたいですね。

29

ウンコチンコと連呼します。反応すると余計にひどくなるというので受け流しているけど、一向になおりません。

（男の子・4歳）

A1 ただ「ダメ」と怒ってもなおりません

まず、お子さんが**いろんなことに興味を持っているということですから、そこはよいこと**と考えていいと思います。

とはいえ、受け流しているだけだと、困っているお母さん・お父さんを見ておもしろがるかもしれません。屋外で連呼しているとしたらたいへんですよね。いっていい場所と悪い場所があることはきちんと伝えてあげる必要があります。そのときは、**ただダメというのではなく、「イヤだと思う人もいるんだよ」ということまで説明してあげる**のがよいでしょう。いっちゃいけないわけじゃないんです。なので「いいたい気持ちはわかるから、いっていい場所でいおうね！」と伝えるのはいかがでしょう。

30

パンツに手を入れたり、トイレで手を洗わないので、「おまたは汚いよ」と教えています。ただネットに「性教育のさいは、性器を汚いものとして扱わないこと」と……。どう教えるべき？

（女の子・4歳）

A1 汚いのは手のほうだよ

性器は大事な場所であって汚い場所ではありません。汚いといえば手のほうです。**「汚い手でそういう大事な場所を触ってはいけないよね」**と伝えましょう。「トイレにいるばい菌が手につくから洗わないといけないよ」というのがよいと思います。

31

男の子ですが、スカートをはきたがったり、かわいいものが大好きです。気持ちは女の子かもしれません。どう接すればよいでしょうか？

（男の子・5歳）

A1 「当たり前」を見直そう

そう思われるお子さんが園に通われていたさいは、その子が「ありのままでいい」という気持ちでいられるよう接していました。園でできることはなにかを職員間で話し合い、当たり前のように投げかけている言葉がないか見直しました。**「男の子だから●●しなさい」「女の子だから●●らしく」、あるいは「○○が食べたい」といった子に「お母さんに作ってもらおうね」と答えていないかなどです。**

心ない言葉でその子が「生まれてこなければよかった」という思いをさせないよう、周囲にも話をしておきましょう。どろんこ会でも、以前は卒園記念品の手提げ袋を男女で色分けしていましたが、同色で統一するようにしました。「当たり前」を見直すことも大事だと思います。

32

「赤ちゃんはどうやって生まれるの？」と聞かれました。どう答えるのがベストでしょうか？

（女の子・3歳）

A1 真んなかの穴からだよ！

大事なのは、**ごまかさない**ことです。「そんなこと知らなくていい」「なにをいっているの？」と、はぐらかさない。こういう質問が出てきたときこそチャンスです。きちんと答えれば、そうなんだと理解してくれます。答えるさいは、**恥ずかしがらない**よう気を付けて。

嘘をつかないことも大事です。「コウノトリが運んでくる」「神様がお腹のなかに入れてくれる」「桃から生まれる」のような説明で、人間としてどうやって生まれるのか、本当のことを伝えないというのはもったいないと思います。

ではどう答えるか。まず、「よい質問だ」と伝えます。続けて「赤ちゃんはお母さんのお腹のなかで大きくなって、生まれてくる道がある」と話します。その道がどこにあるかというと、「おしっこの穴とウンチの穴の真んなかにある穴からだよ。通れないときはお腹を切って出てくることもある」と、当たり前のこととして話しましょう。

33

「どうして男の子にはおちんちんがあって、女の子にはないの？」と聞かれ、答えられませんでした。どういえばいいんでしょうか？

（女の子・4歳）

A1 おちんちんだけが性器じゃない

まず「おちんちん」は体の器官として「性器」と呼ばれることを伝えます。**女の子にも性器はあるけど、「おちんちん」のように外に出ておらず、隠れているから見えないだけ**であることを説明しましょう。女の子には「おちんちんはない」と伝えてしまうと、女の子には性器がないと間違った知識を覚えてしまいます。どろんこ会では、人体パズルを見せながら体の仕組み、男女の違いを教えています。

34

してはいけないといっても、鼻の穴に指を突っ込む。口にも指を突っ込みます。

（男の子・４歳）

A1

不安感があるのかも……

「ダメ」といわれるとやりたくなるのが子どもです！　**お子さんが、どのような場面でその行動をとるか観察**しましょう。苦手な場所で不安を感じていたり、なんとなく手持ち無沙汰だったり、鼻詰まりがあったり……。**理由が見つかれば、それを解消**していくのがいいと思います。あるいは見方を変えて、その行為をしても不潔にならないよう、ハンカチなどを持たせてもいいかもしれないですね。

35

とにかくやんちゃで活発、お昼寝もしてくれません。体力がありすぎて、困っちゃいます。

（男の子・3歳）

A1 お昼寝なしでも健康ならヨシ

寝てくれると親としては貴重な休息時間になることもありますよね。ただ、どろんこ会ではお昼寝の時間に「必ず寝なければいけない」とは考えていません。無理やり寝かせることはせず、**横になって体を休めるだけでも十分**だと思います。

A2 思い切り体を使う遊びを

子どもが活発になれるのは大人が見守ってくれているから。どんなことをしても大人は自分のことを見てくれているという安心感があるから活発になれるんです。保護者さんは、それだけ愛情豊かな子育てができているんです。

活発な子は失敗をおそれず、どんどんチャレンジしていきます。元気に遊んでいくなかでどうやって遊んだらもっと楽しいかと考え、工夫して遊ぶようになります。大人から見ると乱暴と思える遊びも、子どもから見ると楽しい遊びであることが多いです。大きなケガにつながらないように見守りながら、思い切り体を使って遊べる時間を作ってあげましょう。

36

落ち着きがなくて、外でもなかでもずっと走り回っていて、どういい聞かせても聞いてくれません。

（男の子・5歳）

A1 それ、発散したいだけかも

落ち着きがないから走り回っているのでしょうか。**心も体も発散したい年頃なので、発散したくて走っている可能性が高い**ように思います。そもそも、こういうのってどの子にもあります。もし今、思う存分発散できるだけの時間や環境を用意するのが難しそうでしたら、外でいっしょに遊んでみてはいかがでしょうか？

37

よく転びます。立ち上がってなにかしようと走り出したと思ったら、高確率で転びます。もう少し転ばないようにならないものか……。

（男の子・4歳）

A1 裸足でGO

屋外で転ぶことが多いなら、まずは靴のサイズの見直しが基本です。場所を問わず転んでいるようなら、ボール遊びやブランコ、坂の登り降りなどの遊びを日常的に取り入れるのがよいでしょう。**屋内にいるときは、裸足で過ごすのがおすすめ。足指からの刺激で脳の発達を促せるし、土踏まずがしっかり形成されることで、足の裏全体で地面をつかんで歩く力が育まれるなど**いいことばかり。そのような理由から、どろんこ会でも裸足保育をたいせつにしています。

38

メガネをかけてます。今の時代はメガネの子も多くいますが、それにより子どもが友達からなにかいわれたりしないか不安です。

（女の子・4歳）

A2

外遊びもたっぷり

斜面を登り降りしたり、戸外を走ったり、体をたくさん動かして遊びましょう。あと、どろんこ会では雑巾がけを毎日行っています。雑巾がけを続けていると、体幹が鍛えられ、転んだときに手をついて自分の体を支える「徒手力」を育めますよ。

A1

まずは園の先生に相談を

メガネをかけるにあたっては心配される親御さんが多いです。**今までみてきた子どもたちにもメガネをかけていた子はいましたが、メガネをかけたことでなにかいわれることはな**

かったと思います。もしご心配であれば園の先生に相談し、先生からなぜメガネをかけるのかをクラスの子に話してもらうことも安心につながります。なによりも**周りの大人が「素敵だね」と言葉を掛けたり安全基地（※）を作ることがいちばん**です。

※心理学用語。子どもにとって信頼できる大人が近くにいる空間、精神的に安定して保護してもらえる保証がある場所を指す。

39

お外で遊びたがらない。ずっと家のなかで過ごしたがる。お外に行って体力をつけさせてあげたいのですけど……。

（女の子・4歳）

A1

おうち遊びでOK

なぜ外で遊ぶことがイヤなのか、理由を聞いたことはありますか？　もしかすると不

安なことがあるのかも……。「におい」「音」「人や車が多いこと」「友達」「運動したくない」「家の居心地がよい」など、いろいろ考えられます。

外遊びをしないとダメ、ということはないと思います。たいせつなのは、お子さんの姿を認め、受け入れ、好きな遊びを否定しないことです。まずはお子さんが好きなこと、やりたいことに寄り添い、思い切り楽しめる環境を作ってあげましょう！

A2 いっしょに遊んで興味を探って

お子さんがなにに興味があるのか、ぜひ大人もいっしょに遊んでください。大好きな人がいっしょに遊んでくれて楽しい！　を積み重ねていくと外に目を向けることができるかもしれません。たとえば、食べ物に興味があったら「お店屋さんには、なにがあるかな？」「砂場でケーキ作ってみようか」とか。**ご近所の散歩から始めるのがおすすめ**です。

第3章

園生活と友達関係の悩みをラクにする

スパッと先生にお任せ！

気にせず連れて来て

大人が自分のことを話す

目先の攻防から離れてみて

40

登園渋りがどんどんひどくなってきました。最近では家を出る準備すらひと苦労、幼稚園に行きたくないスイッチが入ると、園バスに乗せるまでが戦争になります。説得しても聞きません。預けるときも渋ってとにかく時間がかかってたいへん！　でも、園から帰るときにはニコニコ楽しかったといいます。

（男の子・4歳）

A1

スパッと先生にお任せ！

説得しようとすればするほどイヤがると思います。「そうか、行きたくないのか。お母さん（お父さん）も仕事行きたくないな〜」なんていいながら、ヤダっていっても連れて来てもらうのがいちばんです。帰りにニコニコしている場合なんかは、やっぱり楽しいんです。大好きなお母さんやお父さんといるほうが安心できる、いっしょにいたい、離れたくない、って思うのは当然だと思います。「なにがイヤなの？」とか「何時までに行かないと」と話して、お子さんが「わかった！　行ってくるよ！」となってほしいのはよくわかるのですが、なかなかそうはいきません。むしろ**説得すればするほど逆効果**です。お子さんが「わかった」を引き出そうとすると、時間がかかって苦しくなってしまいます。お子さんが「行きたくない」といったら、「そうか〜、で、どの靴がいい？」なんて返して、もう行くことが前提なんだと伝えましょう。「家にいたいよね〜」といいながら、自転車や車に乗せてしまうんです。「そっかそっか」といいながら、園に連れて来てください。

で、**先生に「お願いしまーす！」でいい**んです。そうしたほうが、お子さんも切り替えがうまくいきます。「本当にごめんね……」とかしていると、お子さんの心も引きずられてしまいなかなか立ち直れません。心が揺れ動いているお母さん、お父さんに、お子さんの心も揺れ動きます。「今日も泣いてまーすっ！（笑）」みたいに明るく連れて来てもらうのがいいんです。

41

幼稚園に行きたがらず、毎朝、玄関で押し問答します。困らせてなんとか行かなくてよいようにしたい様子。

（男の子・4歳）

A1 困らせようとしているわけじゃない

幼稚園に行きたがらない……ありますよね。まずは「そっか、行きたくないんだね」と気持ちを受け止めてあげましょう。**行きたくない原因がなんなのかをお子さんに聞いてみて。**お子さんが行きたくない理由がわかれば対応の仕方も変わってくると思います。

A2 気にせず連れて来て

行きたがらない理由はさまざまだと思います。単純にお母さん・お父さんといっしょにいたい・離れたくない、お母さん・お父さんがお休みで家にいるのがわかっている、お友達との関係、イヤな体験や記憶があるケースもありえます。**ほとんどのお子さんの場合、園に来て部屋に入ってしまえば気持ちも変わって一日笑顔で過ごせています。**気持ちを聞いて受け止めながら、可能な範囲でやりとりできたらよいと思います。

42

園に行くとき、水泳ゴーグルか雑貨屋で買ったカラフルなサングラスをして登園します。笑われるのでやめてほしくて隠したことがあるのですが、朝からギャン泣き……。

（女の子・3歳）

A1 自己表現はよいこと！

たいへんかと思いますが見守ってあげてほしいです。育児では、本人の気持ちを認め、受け止めていくことがたいせつだと思います。自分の気持ちや考えを自分らしく表現できることはよいことなんです。保護者さんは恥ずかしいし、おつらいかと思うのですが、**周囲に迷惑をかけていないのであれば、もう少しだけお付き合いしてあげてほしい**です。子どもの興味や好みは移り変わります。ずっと続くわけではないですから……。

43

他の子が、自分が遊びたいおもちゃで遊んでいると「ぼくが遊べない！」と怒ったり、大きな声でアピールする。周りの目がチクチクする～。

（男の子・2歳）

A1 2歳児なら自然なこと

欲しいものを取ったり声をあげたりすることは2歳児にとって自然な行動です。友達と同じ遊びを繰り返すなかで、楽しさを共有したり、葛藤があったり……さまざまな心の動きが発達には重要です。また、自分がされてイヤだと感じて怒ったり、自分が取ったことを相手から怒られたりといったトラブルの経験を積み重ねることで、相手の気持ちを理解し、自分の気持ちに折り合いをつけることを学んでいきます。**一人遊び期からみなと遊ぶ時期への移行期に必要な行動と経験です**から、トラブルにならないように導くのではなく、トラブルを経験できることも成長につながる過程だと捉えてください。

ちなみにどろんこ会では、おもちゃや道具はけんかが起きぬように一人一個ずつ……ではなく、あえて数を少なめに配置して、じゃんけんをして決めるのか？　など、どう使うのかを自分たちで話し合うこと・順番で使うこと・時には強い子に取られてしまうことを経験できるように配慮しています。

44

「自分の思い通りにならないと怒る」と先生からいわれました。自分の使いたかったおもちゃを、他の子が使っていたり、好きな子の横に座れないと爆発するみたい。

（男の子・4歳）

A1

受け止めてから問いかける

家ではだれにも邪魔されずに遊べるけれど、集団生活のなかではそうもいかない……。自分の思い通りにいかない状況に、本人も葛藤しているのかなあと想像しました（大人でも、自分の感情をコントロールするって難しいですよね）。怒ったり泣いたりするのには必ず理由があります。どろんこ会では保育士が「〜したかったんだね」と、**ま**

ずは気持ちを受け止めるようにしています。それだけでも「わかってくれた」と本人も安心できます。そのあと少し落ち着いたら、「どうしたらいいかな」「友達はどんな気持ちだったかな?」と周囲に気付けるような問いかけをしていきます。少しずつですが自分の気持ちが整理でき、気持ちをコントロールする力がついていくのではないでしょうか。ご家庭で改善するというよりも、集団のなかでそうした経験をたくさんしてもらうことがたいせつです。

45

いつも遊んでいるお友達に手を出すようになってしまいました。その子が、自分の遊んでいるおもちゃを取るのがイヤなんです。

（女の子・2歳）

A1

気持ちを言葉にして寄り添う

保育士としての目線でいうと、当たり前の状態です。発達上必要なことです。「ヤダ」

という言葉をきちんと伝えられなくて、もどかしくて叩いてしまう……。そういうことをお互いやり合うなかで、自分の気持ちのコントロールやどう伝えればいいか、あるいは逃げるべきかなどを学んでいます。**すごく大事な経験です。小さいうちにそういう経験をたくさんすれば、いろんな選択を自分でできるように**なっていきます。

なので、どろんこ会ではできるだけ見守りますが、保護者としては相手の親に悪いかなって気持ちになっちゃいますよね。なんとかしなきゃ！　と思ったら、**間に入って、子どもの気持ちを代弁してあげて**ください。「こう思っていたんだよね」「こういう理由でイヤだったんだよね」「今遊んでるから、終わったら貸してあげるね。ちょっと待ってね」とか。気持ちを言葉にして寄り添ってあげるんです。そうすると、叩かないでこういえばよかったんだ！　というのがわかってきます。「叩いちゃダメでしょ！」と、怒るのは解決になりません。まずは、叩きたくなってしまったその子の気持ちを汲み取ってあげましょう。

そのうえで、人を叩くのはよいことではなく、自分の気持ちを言葉で相手に伝えられるとよいということを教えていきましょう。

46

自分の興味のあることを優先するので集団行動ができません。他の友達の遊びに合流しないので、年中さんになっても友達がいません。

（女の子・5歳）

A1 友達と遊び始める時期は人それぞれ

子どもには「一人遊びのほうが好きな子」と「みんなと遊ぶほうが好きな子」がいます。発達心理学者のパーテンが提唱した遊びの発達段階によると、0〜2歳期に一人遊び、2〜3歳期に傍観者行動、並行遊び、3〜4歳期に連合遊び、4歳以上になると共同遊び……という順序で遊び方が変化しますが、他者に興味を持つ時期が早い子もいれば、遅い子もいます。「友達が欲しい」「友達と遊びたい」と思う時期は異なるのです。

いろいろな園児をみてきましたが、「5歳まで一人遊びしかしなかったけれど、小学校へ入学する年の1月になってから友達とけんかをしたりいっしょに遊んだりすることに興味を持ち始めた」という子も何人もいました。本人の特性上、他者にあまり興味を持たないまま成人する子も一定数います。

大人が注意してほしいのは、子ども本人が興味を持っていないのに、「友達を作らなければならないという」「無理にグループやクラスに入れようとする」をしないことです。本人が「あ~楽しかった」と満足していればいいのです。本人が「友達が欲しいな」「友達といっしょに遊びたいな」と思うようになったら、保育士がサポートするための言葉掛けをしています。**もし、興味あることだけにしかかかわりを持たないのが心配なら、自分の周りのことや友達の様子を情報として伝えてゆくのがよい**ですね。「~ちゃんのしている○○楽しそうだね」「次は~だよ」など、言葉を掛けていると、周りへの興味の幅が広がっていくと思います。

A2 「友達を作りなさい」はNG

子どもたちが同じ空間にいると、他の子の遊びに興味を持ったり、真似しようとすることで貸し借りが生まれたり、やりとりが始まります。わたしたち保育士は「友達になりなさい」といった対応はしません。その子の性格や個性を把握して、好きな遊びや興味が持てる遊びを展開するなかで、**自然と生まれるかかわりをたいせつに**します（もちろん、他の子どもの遊びに興味を持っている場合は、保育士がいっしょに遊ぼうかと言葉掛けをする場合もありますよ）。

47

保育園でも家でも車で遊ぶことしかしないため、友達と仲よくなれない。しかも、「ぶぅーん！ぷっぷー！」とかなり大きい声を出すので、うるさすぎて頭がおかしくなりそう。

（男の子・3歳）

A1 とことんをもっと伸ばす

「好きなことをとことんできる」は、創造性と集中力につながります。冒険心が旺盛で新しいアイデアを生み出すことに長けている・特定の分野での専門知識が高い・複雑な問題に対して優れた分析力を発揮する……など起業の世界で成功を収めるケースも少なくありません。であればいっそのこと、そのとことんをもっと伸ばしてみる！　10よりも100の経験を与えてあげるとよいでしょう。さまざまな物に触れる、さまざまな体験をすることにより、興味関心を持つものや好きなもの、得意なことを発見し、今以上に好きなものに出会い、とことん追求できることが増えるかもしれません。

A2 協力して遊ぶことの楽しさを

自分の好きな遊びをとことんできるのはよいことです（逆に「子どもがなにかに打ち込むことがない」と悩んでいる方も多いです）。お母さんやお父さんといっしょに車で遊ぶときに、**共同作業や役割分担をすることで、「他の人と協力していっしょに遊ぶと遊びがもっとおもしろくなる！」**と実感できるといいかもしれません。たとえば、おもちゃの町遊びなら、まず、踏切を動かす役や信号機役など簡単な役割から分担します。そのあと、道路や町作りをいっしょに行ったのち、車を使いながら「ここはスーパーで駐車場はこちらです。なにを買いますか？」といったように、少しずつ遊びを広げていきます。「友達といっしょに遊ぶとこんなに楽しいんだ！」と気が付くと、遊び方や友達とのかかわり方に変化が訪れると思います。

A3 車を通した友達ができるかも

わたしの息子も「今日なにして遊んだの？」と聞くと「ブロック！」の返事が毎日でした。一年間ずっとそんな調子でした。そのうちブロック遊びを通して気の合う友達ができました。大人になりその遊びに関する仕事に就きました（笑）。

48

幼稚園など集団行動が必要な場所に行くと、いつも動きが遅くいちばん最後になってしまいます。小学校でやっていけるか心配です。

（女の子・5歳）

A1 まだまだ焦る必要なし

この時期の「遅い」は必ずしも心配する必要はないと思います。じっくり、ゆっくり自分のやるべきことをやっているんです。**お子さんのペースで周りと合わせて行けるようになるものです。**今は周りが少し早いだけかも。

A2 見通しを持てるように

おうちで練習する場合、年長さんでしたら時計を活用できます。ただ、**大人が「もう時間だよ」というのではなく、お子さんが見通しを持った行動を自らとることが大事**です。たとえば、「食事は○○時までに食べ終われる？」。遊びに夢中なら「あと何分（あと何回）やったら終わりにできる？」です。お子さん自身が決める経験を通して、家族という集団の仲間といること、集団に合わせた行動をとることが意識できるかもしれません。

49

人がたくさんいるところに入っていくのが苦手です。小学校にあがっても集団行動ができなかったら……と心配。

（男の子・3歳）

A1 見守ってOK！

生まれつきの性格や生活環境にもよるかと思いますが、人見知りの子には、知らない人がたくさんいることの恥ずかしさや、近づきたいけど警戒しちゃう……といった葛藤があります。一方、人見知りのお子さんは物事に慎重派ともいえます。**お子さんの個性として捉え無理なく過ごすことが大事だと思います。今は見守ってあげてOK。**少人数なら参加できているようですから、じょじょに慣れていく、で大丈夫でしょう。

50

急いで保育園に迎えに行ったのに「帰りたくない」「片付けるのがイヤだ」「靴履くのイヤだ」「歩くのイヤだ」。一つひとつヤダヤダで、家から5分の園なのに帰るのに1時間かかった！

（女の子・2歳）

A1　目先の攻防から離れてみて

全国の保育園で日々繰り広げられている戦いですね。「靴を履く」「上着を着る」の攻防からいったん離れてみるのがよいかもしれません。帰り道のこと、おうちに帰ってからのことなどに話題を変えてみることで、急にすんなりと気持ちが切り替わることはよくあるんです。**目先の攻防にとらわれすぎると、お子さんも意地に**なっちゃいますからね。

A2　いろいろ大作戦

うちの園でお子さんが「帰らない！」といってるときは**「ママ（パパ）かわいそうだね**

作戦」をします。「ママ（パパ）、待ってるね」「蚊がいっぱいいるね」「ママ（パパ）、蚊に喰われちゃうね」とかです（笑）。それでも動かないときは**「お手伝い作戦」**です。「あっちのお部屋にこれを持っていきたいんだけど」とか「○○先生に持っていってくれる？」とお願いすると、「手伝いならいいよ」という子がいるんです。部屋から出た瞬間に、その部屋は閉めちゃいます。2歳だと難しいですが、3歳とかなら**「競争作戦」**です。「どっちが先に靴を履けるか競争！」なんていうと、目を輝かせて、ささっと動いたりするものなんです。これでもダメなら**「先生も帰る作戦」**。「いっしょに帰ろうか」と誘うと、やっぱり行き着く先はママ（パパ）ということになるんです。わたしはもちろんいっしょには帰れないですけれど……。

A3 ここぞのときに体力勝負

お母さんやお父さんが家まで行く道中もイヤイヤは続くかと思います。そんなとき、園に通われている保護者さんのなかには、**体力を使いますが抱っこして「ワープしまーす」**といって帰る方もいます。とにかく、この時期は全部の場面で戦っていたら時間もかかってたいへんです。戦う場所はピンポイントにするのがいいですね。

51

保育園に迎えに行くたびに、早く行けばまだ遊びたいと駄々をこね、少し遅く行けばいじけて泣いたり……とにかく自分勝手すぎる！

（女の子・4歳）

A1 その自分勝手、意外と大事

保護者さんがお子さんにとって、思い切りわがままがいえて信頼できる大好きな存在なのだと思います。大人にとっては忙しい時間なのにと困ってしまいますが、**保護者さんとの一対一のたいせつなやりとりの時間**なのかもしれないですね。

A2 さくさく帰ろう

お子さんの気持ちを受け止めて「もっと遊びたかったんだね～」といいつつ、**「じゃあ帰ろうか」とあっさり連れて帰っちゃうのもあり**だと思います。ただ、ある程度、お子さんの気持ちを汲み取って園庭などで遊んでからというのもよいかもしれませんね。お子さんの様子を見て「いっぱい遊んだね、よかったね」「また、明日遊ぼうね」とタイミングを見て帰れるとよいですね。

52

「今日保育園でどんなことした？」と聞いても話してくれません。保育園でなにをしてるのかぜんぜんわかりません。

（男の子・4歳）

A1 一言質問で聞く

大人もそうですが、「どんなこと」は子どもにとっては抽象的すぎるもの。「今日は散歩に行ったの？」「給食はなんだった？」「なにを作ったの？」など、**一言で答えられる質問だとお子さんも答えてくれると思います。そこから会話が広がる**かもしれません。また、質問するタイミングも大事です。なにかに集中しているときや、なにか気になることがあるときなどに聞いても答えてくれません。お子さんも保護者さんも気持ちにゆとりのあるタイミングで話してみてください。

A2

大人が自分のことを話す

大人にいろいろ聞かれるとイヤになっちゃうものです。「別に……」と答えてしまう。小学校にあがっても、中学校にあがっても同じです。大人だって「今日なに食べたの？」とか毎日聞かれたらイヤですよね。なので、**大人から自分の話をしてあげる**といいと思います。

53

幼稚園では自分でできていることも家では全くやろうとしません。ただ、園では頑張っている、甘えているんだと思うと、つい手伝ってしまい、甘やかしになっているんじゃないかと悩んでしまいます。

（男の子・5歳）

A1 甘やかしではないような……

幼稚園で頑張っている分、甘えたい気持ちを受け止めて手伝ってあげつつ、**「ここまでは自分でやろうね」といっしょにやりながら取り組んでみて**はいかがでしょうか。過剰に手伝ってしまうのであれば甘やかしになりますが、お子さんの幼稚園での頑張りや自分でできることを保護者さんはわかっていて、「自分でやってほしい、けれどもついつい……」と悩みながらかかわっているようなので、ここでいう手伝いは甘やかしになるとは限らないと思います。

A2 自分で決める習慣を

外とは違って家で甘えるのは「家を安心できる場所」と感じているからです。とはいえ、家でも自分でできるようになってほしいですよね。

初めはいっしょにしながら「これは一人でもできるね」とできることを認めていき、じょじょに手伝いを減らしてください。さらに**「今日はどれを自分でやってみる?」**と聞いて自分で決める習慣がつけられると、より自立につながると思います。

54

「幼稚園でお友達にいじめられている。先生には見えないところでたたかれている」といいます。どうすべきでしょうか。

（男の子・3歳）

A1

そのまま受け取りすぎず、問い詰めず

見えない園生活の部分は心配になりますよね。怒りがわいてくるかもしれません。でも、まずは目の前にいるお子さんのケアをいちばんに考えましょう。

お子さんから状況を聞き出したくなると思いますが、**お子さんを問い詰めないこと、言葉通りに受け取りすぎないことがたいせつ**です。幼児期は時系列や状況の説明、事実の受け取りがあいまいで、相手が違っていることや夢で見たことで事実ではないこと

もしばしばあります。

家庭では、親子で遊んだり触れ合ったりして気持ちをリフレッシュして、園の先生に直接聞いてはいかがでしょうか。

A2 園ではきちんと確認します

まずはお子さんからしっかりと話を聞き、悲しかったね、イヤだったねという気持ちを受け止め抱きしめてあげてください。ご家庭は集団生活で頑張るための安全基地（77ページ）です。日々お子さんを受け止めていくことで、お子さんの心の基盤ができていきます。園生活では、小さいうちは手が先に出てしまう子もいます。なので、**自分でイヤなことは「イヤ」といってよいんだよと伝えたうえで、「やめて」「痛かった」といえるようにする**ことも重要です。

ちなみに保育士は、こうしたさいには日常生活の「いじめ」と「子ども同士のやりとり」とは別に捉えています。一見、大人は負に捉えがちなやりとりも子どもの成長につながるからです。ふだんは仲がよくいっしょに行動することも多いけれど、たまたまトラブルがあって手が出てしまったのか、日常的にトラブルになりやすい関係性なのかを把握します。他の職員にもヒアリングしながら確認を進めます。

コラム

どろんこ保育園の「インクルーシブ保育」

「インクルーシブ保育」とは、障害の有無はもとより、性別、国籍、宗教などを問わず、すべての子どもが混ざり合ってともに過ごすことを指します。

どろんこ会では、インクルーシブ保育を推進するために、障害のある子の支援をする児童発達支援事業所と認可保育園を一つ屋根の下で運営し、クラスで分けたりせず、一つの大きな部屋でいっしょに過ごしています。

子ども同士がともに過ごすと、もちろんぶつかり合うこともあります。どろんこ会では、それは必要なことだと考えています。「思い通りにならないこと」を経験することで、自分の感情をコントロールしたり、気持ちに折り合いをつける力が身につきます。保育士はケガなど危険が及ばない限り見守るようにしています。

障害のある子もない子も自分が選んだ場所で遊び、助け合い、頼り合い、ともに成長していきます。違いを当たり前として受け入れ、お互いを一人の人として尊重する、これからの多様な社会を生きていく力を育むのがどろんこ会のインクルーシブ保育です。

第4章

親子・きょうだいの関係に向き合う

ママも参戦！

まずは寄り添いから

目を合わせ
受け止めて

正解よりも
気持ちを受け止める

あいづちでオッケー

55

なんでも「自分のもの！」で、お兄ちゃんとおもちゃやママの取り合いを繰り広げる。そして毎日泣かされている。どうにかしてくれ。

（女の子・2歳）

A1 安心感が大事

自我が育つと、こうした行動も増えてくるものです。これも成長！　と割り切ればいいんですが、きょうだいがいたり、他の子どものいる場で気持ちがぶつかったりすると心労が絶えませんよね。幼い子の場合、言葉で理解してもらうのはまだ難しいので、子どもの気持ちに向き合い、受け止めてあげることがたいせつになります。具体的には**「欲しかったんだね」「それいいなー」**など、**子どもの目を見てていねいに言葉を掛けて**あげます。親がいつも自分を見てくれている、気持ちをわかってくれている、というように**安心感を持つことが大事**です。

A2 ママも参戦！

ご家庭でのきょうだいげんかは永遠の課題……。ときには「ママもおもちゃ使いたい！」と参戦してみたり、ママも悲しくなっちゃう！　と気持ちを伝えてみたり、**お子さんに「え？」と思わせることで気持ちが切り替わる**かもしれません。いったん深呼吸！

56

お姉ちゃんにちょっかいを出しまくる。そして毎日けんかに発展。言葉で勝てないから手足が出たり噛みついたり……やめてくれー！

（男の子・4歳）

A1 主張も必要な力

感情的になると言葉といっしょに手足が出やすい時期です。けんかはよくも悪くも主張のぶつかり合い。**自分の気持ちを主張できることは、今後生きていくうえで必要な力**です。もちろん大きなケガにつながりそうなときは止める必要がありますが……。なにかサポートするなら、手を出すと相手が痛いことを伝えつつ、気持ちを言葉でいえるよう引き出してあげるのがよいと思います。とはいえ、基本的には気にしなくて大丈夫！

57

弟が遊んでいるおもちゃを「これがいい！」と横取りするくせに、たいしてそのおもちゃで遊ぶことなく、弟から離れた場所に放置する。機嫌よく遊んでいた弟は大泣きです。

（男の子・3歳）

A1

お兄ちゃんに愛のメッセージを

今までぼくだけの世界だったところに、赤ちゃんが来て大好きなママ・パパと仲よくなって、ぼくだけのおもちゃ、ぼくだけのママ・パパの世界が変わった訳ですから、お兄ちゃんのなかでは一大事件の始まりだったかもしれませんね。

弟君に意地悪をしているのではなく、戸惑いやかかわり方に試行錯誤中なのだと思います。保護者さんは**お兄ちゃんのことが大好きなことを伝えてあげて**ください。

A2

怒らないで受け止める

いろいろな考えがあるかと思いますが、「怒らない」ことをおすすめします。この時期のそのような行動には自分を見てほしいアピールの意味が込められていることが多いので、**行動に対して否定することなく「どうした?」「遊びたかったの?」**などと**気持ちを受け止めてあげる**とよいかも。

言葉でも行動でも「あなたの気持ちを受け止めるよ」という姿勢を持つとお子さんの心も少しずつ満たされていきます。

58

下の子にちょっかいをかけて泣かせたり、おもちゃを横取りしてわざと泣かせたり……。たまには仲よく遊んでくれー！

（女の子・5歳）

A1 上の子こそ尊重を

まず、「お姉ちゃんだから、○○しなさい！」といういい方はしないほうがよいです。二人とも保護者さんのたいせつな宝物なんですから。わたしの場合、**とにかく上の子を尊重しました。そうすると、下の子は「おにいちゃん、おにいちゃん」とついていくようになる**んです。すると、上の子も自分は頼られてるな、と感じてくれます。

上の子が下の子にちょっかいをかけるときは、保護者にかまってほしい心理があります。なので、上のお子さんとのかかわりを保護者が見直すという考え方も。下の子が寝ている間に、特別に絵本を読んであげるなど、上の子のためだけの時間を用意してあげるのはどうでしょう。

ちなみに、意思のぶつかり合いでけんかをしているなら、そっと見守ります。

59

弟にとてつもなくキレるときがあり、諭し方に困っています。注意するも聞く耳を持ってくれません。どう向き合えばいいのか。

（女の子・3歳）

A1 まずは寄り添いから

まずはお子さんの気持ちを受け止めることが大事です。「○○しないで！」と大人に従わせるより、お子さんの今の気持ち、なぜお子さんがそんな風に弟さんにキレるのか、その気持ちを見つめてあげるのが大事なような気がします。行動そのものより、背景をきちんと汲み取ってあげましょう。もちろん、保護者さんの気持ちとして**「叩かないで」「意地悪しないで」と思うのは当然なんですが、そうせざるをえなかったお子さんの気持ちに寄り添って**あげてほしいです。

60

いつでもかわいがってもらえる、味方してもらえると思っている節があり、怒られたり、周りと同じ扱いを受けると不機嫌になります。毎日、王子のようには扱えません。

（男の子・4歳）

A1 子どもの不機嫌を恐れない

お子さんにたくさんの愛情を注いでこられたのですね。ただ、ちょっぴり注ぎすぎちゃって、お子さんにとって居心地がよくなりすぎているのかも。4歳くらいになると周りの大人からかけられる言葉の意味や雰囲気を感じる力も長けてきます。なので、**お子さんが不機嫌になることを恐れずに、気持ちが切り替えられるまで待ちましょう。**

保育園では、子どもたち一人ひとりに対等な人間として向き合い、ていねいな言葉遣いやかかわり方を意識します。よくないことをしたときにはうやむやにせず、子どもたちが気が付けるよう正面から向き合い、考える時間を設けます。

61

4つ上の長女に対する負けん気が強すぎて、いろんなことに対して同じことをさせないと癇癪を起こしてしまいます。

（女の子・3歳）

A1 保護者ご自身の気持ちを伝える

負けん気！　素晴らしいですね。「お姉ちゃんみたいに」という憧れもあるのかな。このお悩みを拝見して、「うん、ぜひ同じことをさせてあげて」と思いました。負けん気が強いことは悪いことではないし、むしろ頑張り屋さんの一面もあるのかなとお察しします。ただ「強すぎる」からお困りなんですよね。癇癪を起こすということは、お子さん自身もかなりのストレスを感じているはず。なので、**まずはお子さんに寄り添って話を聞いてあげる。話しているうちに気持ちが落ち着いてくるかもしれません。落ち着いたら、保護者様ご自身の気持ちを伝えてみて**はどうでしょう。負けん気の強いところを、ぜひお子さんの強みと捉え伸ばしてあげてください。すごい力を持っているかも！

A2

子どももちゃんと考えています

年齢差があると「妹ちゃんには無理だよ……」と感じることもあるかと思います。でも、**不可能かどうかは、子どももちゃんと考えています。自分ができるのかできないのかを考える力はある**んです。できなくとも挑戦したい思いを可能な限り認めてあげることは、やる気につながります。当然、できなければ、自分で自分の気持ちに折り合いをつけていくしかなく、それは成長の糧になります。大きなケガにならない限り、挑戦させてあげてほしいです。そして、結果はお子さんが自分で引き受ける。それは自分で決めて自分で行動した結果だから……。悔しくて泣いたら、そっと寄り添うだけ。挑戦したことを認めてあげてください。

わたしにだってできる!!
とべる!!
とべないかも〜
のぼれる!!
のぼれないかも〜
かける!!
かけないかも〜
よめる!!
よめないかも〜

62

おしゃべりが好きで、ずっとしゃべっています。パパとママが話していると怒るので、パパに用事があるときは娘に向かってパパに伝わるように話さなければならず、たいへんです。

（女の子・2歳）

A1 目を合わせて受け止めて

パパとママが話していると「うらやましい」「わたしもかまってほしい」「わたしを見て」と思ってしまうのかも……。乳幼児期は自分中心の世界ですので、相手の気持ちに気付いて振る舞うなんてできません。ママとパパが話すときは、できるだけお子さんがいないときにするよう心掛けるしかないような……。

ただ、そうもいかないときは、お子さんのおしゃべりしたい気持ちをしっかりと受け止めつつ、「〇〇（お子さん）のお話を聞いたら、パパ（ママ）とお話させてもらうね！」と事前に伝えておきましょう。**お子さんの話を聞くときはしっかりと目を見て。話してくれた内容を繰り返してあげるだけでも、気持ちは満たされるはず**です。また、ふれあい遊びなど、おしゃべり以外のコミュニケーションも楽しめるとよいですね！

A2

大人の意図をしっかり伝えて

お子さんは、聞いてほしい、自分をもっと見てほしい、自分が話しているのだから見てほしぃ！という気持ちかと思います。**「パパとママのお話が済んだら次は○○ちゃんのお話聞くね」という風に大人の意図を伝えましょう。**それでも難しいようでしたら、お話ししているときは待つことも必要なこと、話の間に入らないことを伝えましょう。

63

ハッキリとおしゃべりできないのでとにかく聞き取りづらい。聞き返すと怒られるし、聞き間違えても怒られる。たいへんです。

（女の子・3歳）

A1

あいづちでオッケー

保育園でもお子さんの言葉が聞き取れないことはよくあります。そんなときは**そのままお子さんにお話ししてもらいます。いちいち聞き返さなくていい**んです。子どもって、自分の思っていることをパーッといいたいので、途中で切られるのがイヤなんです。大人はあいづちをうつくらいでいいんじゃないでしょうか。

A2 正解よりも気持ちを受け止める

状況にもよりますが、気持ちを受け止めることを意識しています。内容に対して白黒つけるというよりも、まずは話したい気持ちや伝えたい気持ちを受け止めます。正解を出してあげることもたいせつですが**「聞いてもらえた！」経験を重ねていくことが親子のさらなる素敵な関係性を作っていく**と思います。

コラム どろんこ保育園の「異年齢保育」

どろんこ会における「異年齢保育」とは、クラス分けをせず、すべての園児が混ざり合って、遊ぶ相手や行う活動を自分で選び取る保育を指します。0～5歳児の人格形成期・性格形成期に「自らさまざまなことに主体的にかかわり自分で考えて行動する思考」を日常生活のなかで身につけてもらうことを目指して行っています。

どろんこ会の園舎は基本的にクラスごとに壁で分けられた部屋があるのではなく、一つの大きな部屋となっています。部屋のなかはおままごとコーナーや絵本コーナー、塗り絵コーナーなど、テーマごとにコーナーが分かれており、子どもはそれぞれ遊びたい場所を選びます。

園庭でも、泥遊びをしたい子、築山を登りたい子、水遊びをしたい子、それぞれが夢中になれる遊びを自分で選びます。その場には違う年齢の子が自然と混ざり合います。小さい子が困っていたら、大きな子はなにに困っているかを考え、手を差し伸べます。そして、小さい子は大きな子の姿に憧れて学んでいきます。一方、反発したり、ぶつかり合うこともあります。そのときこそどう折り合いをつけるかを学ぶ貴重な機会となります。

人とうまくかかわる力、感情をコントロールする力は「非認知能力」と呼ばれます。「認知能力」は勉強や指導で身につきますが、非認知能力は座学で身につくものではありません。協力して一緒に物事に取り組んだり、けんかや物の取り合いを経験し、試行錯誤しながら身についていくものなのです。

「非認知能力」は、これからの社会を生き抜いていくうえで不可欠な力として注目されています。兄弟姉妹のけんかは、常にそばで見ている保護者の方にとっては悩ましいものです。ただ、お子さんの非認知能力を育んでいるプロセスの一つという視点が加わると、けんかの見方、見守り方が変わるのではないでしょうか。

第5章

コミュニケーションのつまずきをそっと支える

64

人見知りで他人と顔を合わせるのがイヤらしく、隣近所の方にも挨拶《あいさつ》しません。

（男の子・2歳）

A1 人見知りのレッテル禁止

恥ずかしがったり、人見知りするのは、人間の機能として防衛本能が敏感で繊細だということです。そんな子の周りにいるわたしたち大人ができることは三つ。

①**人見知りというレッテルを貼らない。**
②家族以外の人がいる場所に出かける。
③近くの大人がモデルになれるよう挨拶をし、
　積極的にかかわる。

これらを繰り返すことが、他者の存在と人間関

係構築のあり方を学ぶきっかけになります。今の時期から焦ってお子さんに無理させなくても大丈夫ですよ。

A2 挨拶は親が見本に

ふだんあまりかかわらない人に対してはまだ不安が大きいのかと思います。家族や友達、保育園の先生など、身近で親しみや信頼関係のある人に対してはどんな様子でしょうか？　もしお悩みに書かれている様子とは違うようでしたら、きっとお子さん本人がその相手に対して安心感を抱いているんです。まずは**親自身が挨拶する姿を見せてあげましょう。「大好きでいっしょにいると安心できるママ（パパ）が挨拶してる人なら、ぼくも挨拶してみようかな……」と感じる**かも。

65

挨拶はできるけれど、人の目を見て挨拶することがなかなか覚えられず、いつも違うところを見ながら挨拶しています。

（女の子・5歳）

A1 できていることに注目

いったんでも挨拶できるのは素晴らしいです！ 目を見られないということですが、お子さんがモジモジしているようなら恥ずかしいのかもしれないですし、恥ずかしいながらに挨拶ができるなら、それはすごく頑張っているんです。まずは、「恥ずかしかったのにちゃんと挨拶できたんだね」とほめてあげましょう。

人の目を見て挨拶すると挨拶がより届き、**相手がうれしい気持ちになることを伝えながら、「○○さんの目を見ていっしょにいってみよう」と声を掛けてあげる**のがおすすめです。

一つひとつできたことに着目し、しっかり認めてあげることが次のステップにつながります。

A2 「ハイタッチ」で楽しく

日々、園で子どもたちの様子を見ていると、目の合いやすさは、その日の体調や気分、緊張度で変わると感じます。なかには、目を合わせること自体がまだうまくできないお子さんもいますが、好きなことをしていっしょに遊んでいるときには「目が合った！」と感じる瞬間があります。毎日会う先生など、慣れ親しんだ相手であればお子さんも自然と緊張が和らぎ、目を見て挨拶しやすいかも。

ちなみに、子ども視点で見ると、立っている大人はかなり威圧感があるので、わたしは子どもと挨拶をするときは、かがむなどして子どもと目線の高さを合わせるようにしています。**ハイタッチを組み合わせて、楽しく相手を見られる挨拶を試してみる**のはいかがでしょうか。

66

しつけをきちんとしているのですが、しつけされていない子どもを見て「なんであの子はよくて、わたしは怒られるの？」という。

（女の子・5歳）

A1 子どもといっしょに「理由」を考える

お子さんからしたら、自分ばっかり怒られると思ってしまうのでしょうね。そんなときは「じゃあ、あんなことするのはよいことだと思う？」と聞いてください。そして「なぜいけないと思ったか／よいと思ったか」を話し合いましょう。「こうだから」と押しつけるのではなく、お子さんと一つひとつ**「どう思う？」といっしょに考え、社会のルールを守ることやその理由を伝えてあげる**ことで、お子さんの考えや親としての気持ちを互いに知ることができるよい機会になると思います。

A2 自分自身も考える機会に

ルールはいろんな人が快適に過ごすために自分たちで作ってきたもの。必要と感じる人、必要と感じない人がいるのが現状です。保護者の方が必要と考える**「しつけ」も、なんのために必要なのかをあらためていっしょに考えて**みるのもよいかもしれません。

67

女の子なのに言葉遣いが悪くて困っています。とくに一人称です。父親を真似て「オレ」というんです！

（女の子・4歳）

A1

お父さんがまずていねいに

よくある一過性のものですね。お父さんが「オレ」といっているのを見て、お手本にしているのかと思います。ですので、**お父さんに一人称を「オレ」から「お父さん」などに変えてもらえないか**、相談するのはどうでしょうか。

今の時代は「女の子・男の子らしく」という価値観がだいぶ変わってきています。「オレ」ということを否定せずに、しばらく見守ってみることもたいせつです。

68

児童館で遊んでいる知らない家族に勝手に近づいて、輪のなかに入ろうとします。相手の笑顔がひきつってつらい……。

（男の子・4歳）

A1 親がさりげなく状況を伝えて

自分からコミュニケーションがとれる、積極性のあるお子さんなのですね。その積極性を認めて見守ってほしい一方で、お相手は状況がわからず困っているのかもと思うと悩ましいですね。**「お邪魔してごめんなさい。幸せそうな（楽しそうな）場所が好きなようで。ありがとうございました」と、フォローを**入れてみるのはいかがでしょう。相手の方も様子がわかったらほのぼのとした気持ちになってくれると思います。

A2 相手の気持ちをいっしょに考えてみよう

親としては、ヒヤヒヤですね。子どもは、いろいろなことや人に対して好奇心旺盛です。「ダメだよ」と声をかけるのでなく、違う遊びや違う場所に誘って子どもがのびのびと遊べるようにするのがよいかも。また、相手の気持ちが考えられるように、**「自分の所に急に来られて話しかけられたら、どんな気持ちになると思う?」と質問する**のもありだと思います。

69

歩行者用信号を無視して渡る人を指差して、大きな声で「あの人、やっちゃいけないんだ~!」といってしまう。

（女の子・4歳）

A1 大きな声の前に……

お子さんがいっていることは間違っていないので、まずは「そうだよね。信号は赤が止まれだよね」と認めてあげましょう。

保護者さんが心配されていることが「大きな声で間違いを指摘することでトラブルに巻き込まれる」ということであれば、「みんなの前で指摘されるとイヤな気持ちになる人がいる（怒る人もいる）」「自分がやられたらどんな気持ちがするか」を伝え、**「大きな声でいう前にママ（パパ）に教えてくれる？」**など具体的にどうしたらよいかを伝えてあげたらいかがでしょうか。

70

「あの人だれ？」「あのおばさん、なにしてるのかな？」と相手に聞こえるような声でいいます。相手の人が気を悪くするんじゃないかと、いつもヒヤヒヤしています。

（女の子・4歳）

A1

困りごとから親子の関係性をプラスに

知りたいこと、好奇心いっぱいのお子さんですね。

①知りたいことを教えて、気持ちを満たしてあげる。

②「だれかなぁ」「なにをしているのかな」といっしょに考えてみる。
③大きい声でいわれたら、相手の方がイヤな気持ちになることを伝えてみる。
④相手の方に「なにをしているんですか」と直接聞く方法があるよと伝えてみる。

選択肢のなかでピンとくるものはありますか？ **保護者さんとお子さんとがあれこれ話し合って**解決に近づいたり解決策を見つけたりすることができたら、お互いの気持ちが満たされるのかなと思いました。

困ったことがきっかけでプラスの関係性が強まるのはよくあること。「困ったことが起きたぞ、ラッキー。なにができるかな」という気持ちで臨みましょう！

71

知らない人でも赤ちゃんからお年寄りまでだれにでも話しかけます。よいことでもあるけれど、いつか犯罪に巻き込まれそうです。

（女の子・4歳）

A1

大人といっしょに考えてみよう

お子さんは、相手の反応は関係なしで話しかけるのでしょうか？　それとも、期待通りの反応が返ってくるとうれしくて話し続けるのでしょうか？

前者の場合、お相手の様子から、「迷惑そうにしている」「歓迎されていない」「危険」などを感じるなら、保護者の方がお子さんを制止してその場を離れるべきです。そのうえで、**「今の人は静かにしていたい顔だったよ」「話したくなさそうだったね」と表情を見て想像する力を養いたい**です。

後者の場合は「おばあちゃんにも話しに行こう」「明日、先生に聞いてもらおうよ」など相手を絞るのもいいかもしれませんね。

どちらにしても、お子さんの社交性を生かしてよい方向につなげられるといいですね。

72

なにか熱中することがあると話しかけても全然応答してくれない。絶対聞こえているはずなのに、聞こえていないふりをする。

（男の子・2歳）

A1

意図がちゃんと伝わる言葉で

2歳頃になると興味や関心が深まり、じっくり遊び込む時期になります。さらに2歳児は自我が出るので「いまやりたい、遊びたい」を強く表現することもあります。好きなものや熱中できるもの、興味があるものがあることはとても素敵なので、どろんこ会では基本的に見守るようにしています。また、子どもはさまざまな経験を経て、自分の気持ちに折り合いをつけられるようになっていきます。とはいえ、外だから水分をとってほしい、時間だからおしまいにしてほしいなど、保護者さんの思いもありますよね。**どうしておしまいなのかなど、保護者さんの意図を伝え、繰り返しかかわって**いけば、次第にお子さんの理解も深まると思います。

73

叱っているときに「ちゃんとこっちを見なさい」といっても、ぜんぜん見てくれません。

（男の子・4歳）

A1

“ちゃんと”ってなんでしょう？

そもそも「ちゃんと」がどういうことか、「こっち」がどちらかわからない場合もありますよね。こういった漠然とした表現は、基準も人それぞれですから。

具体的に「お母さんのほうを見てくれる？」といえば、伝わりやすいのでは。**保育園でも子どもたちになにかを伝えるさいには具体的にいう**ことを心掛けています。

A2　叱るときこそ穏やかに

叱られている子どもは「やっちゃった」「また叱られた」と心がそわそわしています。そういう状態では叱っている大人の目なんか怖くて見られません。さらに、叱っている大人がイライラしているとますます恐怖心しか感じられなくなってしまいます。**できるだけ穏やかに落ち着いて向き合う**と、うまくいくかも。

A3　大人の思いを伝えれば……

叱られている内容にもよるのですが、子どもが納得いってない、なんらかの思いがあって怒られる原因に不満がある場合、聞きたくない思いが表れます。まず、子どもの「なんでそうしてしまったのか」に耳を傾けましょう。怒るのではなく聴いてみて。**こちらの思いを伝えると、子どもも向き合ってくれることが多い**です。

74

話し方に心が込もっていない気がします。人の話も聞きません。「はーい」とはいいますが、返事をするだけです。

（男の子・4歳）

A1　まずは大人が心を込めて

わかります！　わたし自身も子育て中に「ありがとう」や「ごめんなさい」に気持ちが感じられず、我が子に注意した経験があります。いい直させたこともあります。でも、今となっては、そんなことをしても意味なかったなあ……と感じます。

保育現場でもよくあります。ふてくされながら謝罪したり、人にお願いするのに「なに、そのいい方!?」というようないい方をしたり。今になって思うんですが、子どもに「心を込めて……」ってなかなか伝えられないし、教えてそれができるようになっても、心が込もっているかは、わからないんです。

とにかく、**身近な大人が心の込もった言葉で接することです。振り返ってみると、自分自身が心の込もらない対応をしてしまっていることって、意外にも多い**んですよ。あとは、目を見て話をすることを心掛けてください。目を見ながら話すと、いい加減な返事ってできないものです。

75

わたしの話を聞きません。いつも大声ばかり出していて、疲れました。

（男の子・3歳）

A1 とにかく淡々と話す

どうしても伝えたいことがあれば、**大きな声ではなく、わかりやすく、短く、淡々と、冷静に**向き合ってお話をするとよいときがあります。

もし保護者さんが怒っているときのことであれば、お子さんは「怒られ慣れて」しまっているのかもしれません。であれば、お子さんに「あれ？」と思わせるような、とても短い特定の単語だけで伝えたり、わかりやすいジェスチャーや絵などを使ってあえて言葉を発しないなど、いつもとちょっと違う作戦を組み込むのも有効です。

A2 話す前に名前を呼んで

大人でも、集中しているときは話しかけられていても耳に入ってこないものです。まずは目や耳に意識を向けさせることがたいせつです。

もしかしたら聞いていないのではなく、無意識で聞こえていないのかもしれません。**お話をする前に名前を呼んでから話す。また目が合ってから「わたしは今からあなたに話をするからね」と態度や言葉で示してから話すようにしてあげて**ください。そうすることで目や耳に意識がいき、話が入りやすくなりますよ。

76

何度同じことをいってもいうことを聞いてくれない。自分で考えて行動してくれない。1から10までいいたくないよー!

（男の子・5歳）

A1　話す前に状況や姿勢を整えて

こちらがいくら話しても、その言葉に相手の意識が向いていなければ、話していないのと同じです。**園で子どもになにか伝えるときは、状況や姿勢（アイコンタクト）を整えてから**話しかけるよう意識しています。

A2　「1から10」を「7」に……

お子さんの見える行動、気になる行動ばかりを見てしまう目になっていませんか？　お子さんの行動を直そうとする言葉が多くなっているなら、**よいことや頑張ったことを言葉の初めにつけてみて。**

たとえば、靴を脱ぐのに時間がかかってイライラ……。そんなとき、「自分でやろうとしているね、頑張っているんだね、困っていることあったらいってね！」といってみましょう。今、一生懸命にやっていることを見てくれて、わかってくれる人がいると経験するのが大事なんです。自分のことをわかってくれる人の話は聞きたくなる気持ちが芽生えます。

もしかすると、毎日1から10までいっていませんか？　いうのは7までにしてみま

しょう。そのうえでまだ7もいってい
るとは思わず、7まで減らせた……
と、ご自身をほめて！　自分を責めな
いことも毎日たいへんな子育てと向き
合うコツです。

77

「約束だよ」といっても、すぐに破る！　何回いっても同じ。

（男の子・5歳）

A1

約束は、子どもが本当に納得したうえで

相手が子どもであっても、親の思いと子どもの思いをきちんと伝え合うのはいかがでしょうか。たとえば、お子さんに「どうしてやってしまったの？」と聞くと、大人が思いも

よらない答えが返ってくるかもしれません。いっしょに解決策を話し合って、お子さん自身が「自分で決めたから守る！」と気付いていてくれたらいいですね。

A2 遊びのなかで自然に学びます

決まりを知り、守ることを、子どもは他者との遊びを通して自然に学んでいくものです。たとえば、おにごっこ一つとっても、子どもたちはさまざまな葛藤をし、そのなかで気持ちの折り合いをつけたり、ルールや約束を守らなければ楽しく遊べないことを経験を通じて知っていきます。だから、今は守れないことがあったとしても心配しすぎなくて大丈夫ですよ。一方、子どもとの約束は、「大人の都合」で取り交わされることも多いのではないでしょうか。

78

最近、嘘をつくようになりました。園の出来事など、親が知らない部分で嘘をつかれると、どこまで真に受ければよいのか、悩ましいです。

（男の子・4歳）

A1

疑問があればまず園に

言葉を覚えたての子は、自分の言葉を伝えるコミュニケーションを楽しんでいます。そのとき、自分ではそう思っていることを話しているんですが、じっさいとは違うケースがよくあります。でも、お子さん本人は嘘をついている感じはありません。こういったらパパやママが喜んでくれる、おもしろがってくれる、というのがわかってくると、自分にとって都合の悪いところなんかはうまく抜かして話してしまうこともあります。大人がつく嘘とは違います。子どもの世界です。**コミュニケーションの延長線上にあるものともいえるので、まずは聞いてあげて**ください。そして、疑問に思うことがあればすぐに園に聞く。それがいちばんです。

79

男児二人、うるさすぎ。

（男の子・4歳、6歳）

A1 あえて小さな声で

大人が**子どもたちに負けない声の大きさで静かにさせようとすると不思議なことにその大人の声に反応し、子どもたちの声は更に大きく**なります。

場に合わない声の大きさのときには、その場がどういう場所なのかを前もって伝えておくことや、大人があえて小さな声で話し、どんな声の大きさで話をしてほしいのか、伝えていくことが必要です。

A2 まずは聞いてもらう体験から

4歳は言語発達により言葉や語彙がハッキリする時期、園でもとくににぎやかです。この「うるさい」姿は、自己が強く出ている状態。**「ちゃんと主張、表現をしているのだ**

な」と捉えてあげてください。次の段階となる「話を聞く」行為は、聞いてもらった体験から育まれます。まずはわたしたちが、話を聞いてみましょう。内面が満たされることが周囲への興味につながります。

そうとはわかっていても……という葛藤はあると思いますが、こうしたかかわりを経て、お子さんは成長し安定していきます。なお、ふだんから声が大きく、こちらの話が届きにくい場合は、耳鼻科に相談してみても。

80

どこに行くのもわたし（母親）がいないと行けません。知り合いと会っても、わたしの後ろに隠れてしまいます。とても恥ずかしがり屋です。家族や仲のよい友達以外と会話がほとんどできないため、とても心配です。

（女の子・4歳）

A1 安心感が心の支えに

人見知りを気になさっているのかと思いますが、そんな時期ってちょっとしかないものです。**心から愛してくれるお母さんやお父さんがいて、それが心の支えになったとき、お子さんは自分から外に出ていきます。**わたしはわたしでいいと思える。安心感といえばいいでしょうか。そんな土壌を作れるといいですね。

A2 人見知りは慎重派

親御さんは他の保護者さんに対して「うちの子、人見知りなんです〜」といったりするじゃないですか。お子さんが聞いている横で……。もし、そういうシーンがあったら、ちゃんと**自分の子自慢をしてあげてほしいです。「うちのこ、慎重派なのよ」って。**

A3 心配しなくて大丈夫！

そもそもなんですけど……。保護者の方は「みんな元気で仲よくがいちばんいい」と思っている人が多いと思います。でも、大人になったときを考えると、すべての人が「みんな仲よく元気」というタイプではないですよね。一人ひとり違います。**けっして、**

「みんな仲よく」じゃなくてもいいんです。その子らしさが発揮できていればそれでいいんです。だから、わたしはお子さんのケースはぜんぜん心配いらないと思います。かわいいもんですよ（笑）。

A4　あたたかなまなざしで支える

〝みんな仲よく〟を頑張るより、今はお子さんをあたたかく見つめてあげましょう。**「そっかそっかー」と聞いてあげる。「大丈夫だよ」と励ましてあげる。**そういうあたたかさだったりまなざしだったりが支えになるんです。

子ども一人ひとり、人とのかかわり方には個人差があります。成長とともに心と体も整い、さまざまな人とのかかわりを深めていきます。今はまだその子のタイミングではないのだと思います。あまり心配されなくても大丈夫ですよ。

第6章

食事の時間に大人も子どもも笑顔になるために

81

野菜が嫌いで食べたがらない。出すと必ずぐちゃぐちゃにされる。食べたくないならせめて食べずに放っておいてほしいのに……。

（男の子・2歳）

A1 今はまだ苦手な食感も

大人にはおいしいと思えても、子どもにとってはまだ受け入れられない味や食感もあります。今の時期は食事の時間が楽しいと思えることがいちばん。嫌いなものは無理に食べさせなくて大丈夫！

野菜の提供は少量から挑戦して、食べられたらたくさんほめてあげましょう。

いっしょに野菜を育てたり、調理してみたりすると、少しずつ野菜への興味が芽生え

てくるかもしれません。

A2 食べなくても大丈夫！

わたし自身が偏食で、食べること自体が嫌いでした。今でも好き嫌いはありますが、元気です！ **大丈夫、好き嫌いがあっても健康に育ちます。**

A3 苦手な理由はどこにある？

「食べない」には必ず理由があり、その理由も一人ひとり違います。**初めて食べたときの驚き（味、温度）、恐怖、喉を詰まらせたときの苦しい記憶があるのかも**しれません。その理由がわかるまで無理強いせずに待ってみてください。

また、子どもの噛んだり飲み込んだりする力は発達途中。そのため野菜の切り方や茹で方など調理方法を工夫しながら、様子を見てあげてはいかがでしょうか。

82

ご飯をちゃんと食べてくれない。飲み物も牛乳しか飲まない。今日はパンとお菓子と牛乳しか食べなかった。

（男の子・2歳）

コラム　どろんこ保育園の畑仕事

どろんこ会では畑仕事を日課にしています。土作りに始まり、たい肥を作り、畑を耕し、種をまき、水をやり、雑草を抜き、間引きをし……。年間を通じてたくさんの作業を経て収穫を迎えます。その間にもいつの間にか虫がついていて実ができなかったり、収穫直前に思わず触ったら実が落ちちゃったりすることもありますが、それも大事な経験です。自然科学も含めたセンスオブワンダーを体験できるのが畑仕事の醍醐味です。

また、収穫した野菜には形の悪いものも多くあります。お店で売られているきれいな野菜は、農家の方の努力の結晶であるということも伝えたい、そんな思いで取り組んでいます。野菜嫌いの改善に直結するわけではありませんが、自分で育てた野菜の収穫はとてもうれしいものです。いっしょに調理するさいも、切った野菜の断面を見たりするなど、興味が高まるよう意識しています。

83

とにかくなにを作っても食べない！ なのに保育園の給食は完食するらしく、それがにくたらしい。なんで保育園でだけ食べるの？

（女の子・3歳）

A1

食べられるものがあるなら、それでよし！

おおらかに考えてよいと思います。たとえば、**パンばっかり、白いご飯ばっかり食べるとしても、それはそれで「食べるものがあるからいいじゃない！」と割り切ってしまっていいんです。なにも食べられないよりはずっといい状態**です。

A1

まずは親が楽しく

まずはお父さん、お母さんがおいしそうに食べる姿を見せてください。子どもは大好きな人と楽しい雰囲気のなかで食べることで食事が好きになります。保育園は友達と食べることが楽しいのだと思います。また時間があるときだけでいいのでいっしょに調理をしたり、メニューを考えたり、「食べさせよう」とするのではなく、「食べたくなる」ようなかかわりを増やしてみてください。いっしょに作ったものは格別においしく感じます。

84

食べたいものがあったら断固譲りません。どんなに説明をしても本人のなかで答えが決まっていて、結局怒ることになってます。

（女の子・4歳）

A1 選択と自己決定

大人だって食べたいものや食べたくないものがありませんか？　むしろ、大人こそ「今日は絶対にあれを食べたいから食べる！」なんてことがあるような……。

もちろん保護者さんの側としては栄養をバランスよく摂取してほしい気持ちがあるわけですが、やっぱり大人による押しつけになっていることもあるのではないでしょうか。子どもの「譲りたくない気持ち」もたいせつです。そもそも、「お母さんだってナス残してるじゃん！」なんていわれたら、元も子もありません。ひたすらスナック菓子を食べ続けるなんてのはどうかと思いますが、**なぜそれを食べたいのか、子どもの話を聞いたうえで、「今日はここまででいいけど、次はこうしようね」と提案してみて**はいかがでしょうか。本人が了承したら「じゃあ、そこは守ろうね」と。

難しいのですが、子どものいいなりになってはいけません。子どもの話はちゃんと聞きながらも、どうするかのアプローチは大人の側からしていきましょう。

85

園から帰ると一目散にお菓子を探します。「もうすぐご飯だからダメ」というと怒ります。食べさせると夕飯を食べなくなります。

（男の子・5歳）

A1 おにぎりやバナナで

保育園から帰ってきたあと夕飯までの時間はどのお子さんもおなかがすきますよね。お菓子ではなくおにぎり、あるいはバナナなどのフルーツにしてはどうでしょう。

おやつをあげる前に量を決めたり、夕飯を作るさい、**「味見する?」というのもあり**ではないかと思います。また、食事が全部できてからの「いただきます」にはこだわらず、**できたおかずからとりあえず**食べてもらうのもよいかもしれません。

86

食事量が少なく、混ぜご飯やチャーハンなどの味や食感が混ざったものはとくにイヤがります。ここ半年で服は110サイズから130サイズになっているのに体重は20kg程度から増えません。もっと食べて――！

（女の子・4歳）

A1

まずはそれでOK！

「ご飯が食べられている」んですから、もうOKです！

そのうえでのアドバイスですが、「味が口のなかで混ざって、なにを食べているのかわからない」から食べるのをイヤがるのかもしれません。混ざったご飯が苦手な場合、具とご飯を分けて出してみる方法もあります。**子どもは大人が思っている以上に、自分のキャパシティや好き嫌いをわかっています。健康状態に大きな影響がない場合、心配しすぎることはありません。**「食べてほしい……」と切に願う気持ちがお子さんにとっては

「もっと食べないといけない」というプレッシャーになっているのかも。まずは、「ママ、パパと食事すると楽しい」と思える空間があることがたいせつです。なにを食べないといけないか、ではなく、おいしそうに楽しそうに食べている姿を見せて、食事が楽しみになるようにしていきましょう。

A2 完食の経験を

「好き嫌いなく、たくさん食べて大きくなってほしい」と親ならだれもが願いますよね。ただ、食べる量には個人差があるので、まずは母子健康手帳の「幼児身体発育曲線」を確認しましょう。曲線に沿って体重が増えているなら栄養は足りています。**いつも残してしまうなら、少なめに盛り付けてみて。全部食べられた達成感を味わうと、食べることが楽しくなります。**

あと、「好き嫌い」は特定の食品や味に対する個人の「好み」です。だれでも食事の「好み」はありますよね。味やにおい、色、食感など人によって「嫌い」は違います。偶然食べられるようになったり、成長とともに減ることもあるので、気にしなくてよいと思います。

87

食べない。食に興味がなく、遊びや睡眠が優先。そのせいか身体発育曲線ギリギリの身長体重。「お腹をすかせたら食べる」「食事の時間を楽しくしたら食べる」など外野はいろいろいってきますが、ぜーんぶ効果ありません！

（女の子・5歳）

A1

身体発育曲線はあくまで目安

肩の力を抜いてみて。身体発育曲線ギリギリでも、身長体重ともに大きくなっているのなら問題なし！「うちの子のペースで大きくなっているんだから……」と。身体発育曲線はあくまでも目安です。**体格差、個人差があるのは当たり前。**まずは好きなものをたくさん食べて「こんなにおいしいものを食べられてうれしいな」と感じてもらえることが大事です。

A2

食べる食べないはお子さんが決めてヨシ

お子さんが、ご自身でしっかり意思を持っているご様子がうかがえます。**食べること・食べないこと自体は本人が決めていけるよう尊重しつつ、わたしたち大人ができることは、まず無理に食べさせないこと**です。食事に限らず、拒否を示しているのに認めてくれないという経験は、「人にイヤ・無理」といっても聞いてくれないという考えを持つことにつながります。次回、お子さんが「食べたい」と思ったときにチャレンジできる食卓を用意しつつ待ちましょう。

88

食欲が旺盛すぎます。身長は平均以下なのに、体重は平均より重くて……。幼少期に肥満だと将来も肥満になりやすそうで悩んでいます。

（男の子・3歳）

A1

過度な食事制限はキケン

　成長は個人差があるので、そこまで気にする必要はないように思います。太っていたお子さんの身長がグングン伸びて、すらっとするのもよく見ます。もっとも、太っていることと自体は悪いことじゃありません。ただ、見た目についての自信を失いそうなら、体を動かす遊びを通して、体重をコントロールするようにしてもよいかも。過度な食事制限はかえって危険です。**初めに盛り付ける量をあえて少なくし、おかわりすることで満足感を得る**のもよいでしょう。「15回は噛もうね」など決めて咀嚼の回数を増やすことも満腹感につながります。ふだんのおやつを乾物などに置き換えるのもおすすめです。

89

食べるのが遅すぎる。好きなメニューだと早く食べておかわりもするのに、そうじゃないと1時間はかかる。

（男の子・5歳）

A1 ちょっとしたきっかけがスイッチに

わたしは子どものころ、納豆が嫌いでした。登校するギリギリまで母との攻防戦が続き、母が折れました。「納豆食べなくても死なない！」そう思ったそうです。そのわたしが納豆を口にしたのは妊娠したときのこと。子どもに必要な、自分では作ることのできない栄養素が納豆に多く含まれることを知り、子どものために食べるようになりました。園では「これ食べるとお肌がきれいになるんだよ」のひと言にニンジンが大好きになった園児がいました。**自分の体のもとになる、エネルギーになる、いろいろな切り口で話してみましょう。食事ができあがるまでいろいろな人が頑張っていること、命をいただくこと、自分だけで生きているのではないことも伝えて**ください。すぐには理解できないかもしれませんが、成長とともに理解できるようになります。

90

食事中ずっとおしゃべりしていてご飯が進みません。注意してもその瞬間だけで、また話し始めます。

（男の子・5歳）

A1 まずは聞いてみよう

話し続ける背景には、好きなものへの情熱があふれていたり、うまく表現できず結果的にしゃべりすぎるなど、たくさんの理由があるかもしれません。話を聞いてもらえる安心感は子どもの情緒の発達につながります。お子さんが話し始めたら、まずは**目を合わせて「へえ、楽しそうだね」などのあいづちを入れながら真剣に聞いてみて**ください。

そのうえで、食事の支度のときに、さまざまなことを手伝ってもらいながら「今日はどんなおもしろいことがあったの？」と会話をしたり、「続きは食事が終わってから聞きたいけどいいかな？」と、お子さんに問いかけるのはどうでしょう。

とはいえ、終わりを決めるのは子どもです。保育園では、ある程度の時間をみて「まだ食べられるかな？」など食事を終わりにするきっかけの言葉を掛けています。

91

すぐに気が散って食事に時間がかかる。ひどいときには1時間近くご飯を食べています。

（女の子・5歳）

A1 集中して食べられるのは10分以内

幼児期のお子さんが集中して食べられる時間は、お腹がある程度満たされるまでの5分から10分ぐらいです。あまりお腹がすいていないと（苦手なものがある場合も）、一口、二口は食べるものの、そのあとがなかなか進みません。最後は大人も食べるのを手伝ってあげて、少し残してしまうことがあっても、20分から30分程度で食事を終わりにしてみましょう。

食べ物への興味や関心がわくと食欲が刺激されて、食事に集中します。**「玉ねぎの皮をむく」「ひき肉をこねる」「メニューを考えてもらって、いっしょに食材を買いに行く」や、少し難しくして、「卵を割る」や「見守りながら包丁を使ってみる」**など、食に直接かかわる体験をすると、食材への興味、作ってくれる人への感謝の気持ちが高まります。

手伝ったことで、家族から感謝され、ほめられ、食事しながらの会話も弾みます。「これわたしが切ったんだよ」「おいしいね」と食事がとっても楽しくなるはずです。

A2 お父さん、お母さん、あわただしくしていない？

気持ち的には「1時間かかっても食べられたらいいかな」くらいでいてみましょう。一口の量が少ない子や食べるスピードがゆっくりな子はたくさんいます。別にいけないことじゃないんです。

保育園でもそうですが、大人が早く食べてほしい、集中できないのが困る……そんな気持ちで見ていると、それがお子さんにも伝わり、「急かされているなぁ」「食べるのなんかイヤだな……」となってしまいがち。ゆっくりでも「食べるのが楽しい」「みんな笑ってて食べてうれしい」という空間ができると、食事がしたくなります。

ところで、食事はどんな場所で食べていますか？　おもちゃが周りにたくさんありませんか？　テレビや動画サイトは付けていませんか？　きょうだいは近くにいますか？　お父さんやお母さんはあわただしくされていませんか？

集中できないことには必ず理由があります。大人は気にならなくても、子どもにとっては好奇心をくすぐるものがたくさんあります。子どもといっしょにお片付けをしてから食事にしてもいいでしょう。食事の間だけテレビを消して、会話をしながら食べることも食事の楽しみの一つです。

92

ご飯を座って最後まで食べない。腹七分目くらいになると遊びたい気持ちがわいてくるようで、イスから降りて遊び始めてしまう。

（女の子・3歳）

A1

食事の楽しさがポイント

せっかく作ったんだから最後まで残さずに食べてほしい、でも子どもが食べてくれない……保育園でも永遠の課題です。ただ、それぞれのお子さんにとっての適量は個々に違います。**遊ぶことも楽しいけれど食べることも楽しいんだということに気付くと、集中して食べられる**時間が増えていきます。

A2　イスから降りたらごちそうさま

遊びたくなる環境がたくさんありませんか？　気が散ってしまいそうなものは食卓のある部屋から片付けましょう。イスから降りたら「ごちそうさま」。さっと終わりにします。

根競べになるかもしれません。「まだ食べたい」の言葉に**「ダメでしょう！」といいながら再開するのはＮＧ**です。

「ご飯のときは遊ばないよ」強くいわず、当たり前のこととして伝えます。

93

スプーンとフォークがずっと下手。食べこぼしし続けてます。どうすればうまく食べられるようになるんでしょう。

（男の子・4歳）

A1

食事に集中できる環境を

大丈夫です。いつか必ず上手に食べられるようになります。

まずは食事に集中できる環境にしましょう。テレビを見ながらなど、他に注意がいってしまうとこぼしやすいです。またイスを引いて机と体の間を開けないようにし、正しい姿勢を保つことで、食べこぼしがすべてお皿に落ち、掃除も楽になります。

実は、食事のマナーはしつけより、食事に集中できる環境を整える大人の配慮で解決することが多いです。

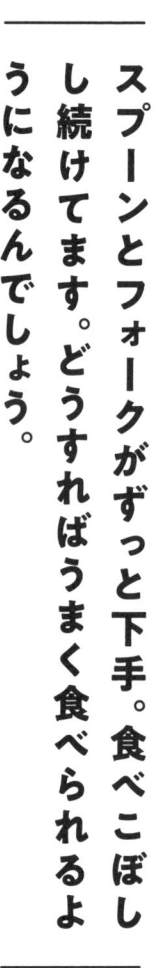

94

このほうが早いからと親の目を盗んで手づかみでご飯を食べる。

（女の子・2歳）

A1 手づかみだって問題なし

手づかみで食べてもよいのではないでしょうか。2歳児とはいえ、手指の発達はまだ未熟です。遊びでたくさん手指を使ったうえにスプーンの重さも加わって、スプーンを使うことに疲れてしまうのかも……。2歳は、むら食べや偏食も多い時期です。**たとえ手づかみでも、自分で意欲的に食べている点はよいこと**だと思います。

A2 使いこなせる時期は人それぞれ

スプーンなどを使いこなせるようになる時期はお子さんごとに差があります。**道具をうまく使える手になっているかに個人差があるのです。なので、指先を使う遊びを楽しんでみて**はいかがでしょうか。また、手づかみ食べは自ら食べたい気持ちの表れです。スプーンなどへの興味が表れる時期はもうすぐです。焦らず、たくさんおいしく食べていることをほめてあげましょう。

95

食事中の姿勢が悪いです。ぐでーっとして、注意してもすぐに元通り。いつまでたっても直りません。

（男の子・4歳）

A1

両足を床に付けるのを意識する

座っているのはイスでしょうか、床でしょうか。**イスの場合、足の裏が床に付くように高さを調節しましょう。両足で床をしっかり踏ん張ると自然と姿勢もよくなります。**高さが足りない場合は足台を用意してもよいですね。

A2

ひとまずはおいしく食べることを優先

姿勢を直そうとする気持ちはあるけれど、体幹が弱く、思うように姿勢を保てないのでは……と感じます。ただ、そうした子が姿勢を保とうと努力すると、今度は食事に意識が向かなくなります。ひとまず、今は食事をおいしく食べることを優先してよいと思います。**たくさん身体を動かして体幹が育てば、自然と姿勢保持**につながります。

96

ミルクから離れられません。チュパチュパすると本人が落ち着くみたいなので致し方ないですが、虫歯にならないか不安です。やっぱり早めにやめさせたいです。

（女の子・3歳）

A1 きっかけと納得感を

哺乳瓶が安心できるものの一つなんですね。**結論からいうと「成長とともに〝いらない〟という日が来る」**ので、**安心してください。**

落ち着ける安心剤を哺乳瓶以外で探し

てみるのもよいですね。寝る前の絵本タイムや、入眠までトントンしながらお話ししたりする、ですとか。

どうしても早めにやめさせたい思いがあるのでしたら、「おうちにあるミルクがなくなったらおしまいにしようか」など期限を決めるのはどうでしょうか。このさいにたいせつなのは、お子さん自身が「わかった！」と決めることです。子どもは素直で真っすぐですので、自分で決めたとなるとスッキリ終えられます。

97

○○を食べたいというから次の日に買って帰ると、「それじゃないー！」って大泣き。その次の日もリクエストしたお菓子を買って帰ると、「それじゃないー！」って大泣き。もう自分で買ってきて！

（女の子・4歳）

A1 見通しを持つチャンスを逃さずに

子どもの要求に合わせたのに、子どもの要求が次のものへ移り変わっている。よくありますよね。こんなときは「明日のおやつは○○にしようね」と就寝前に伝え、朝起きたときにも「今日帰ってきたら○○食べようね」と子どもといっしょに確認します。**見通しを持つことで、楽しみな気持ちで食べられる**ようになるかもしれません。

A2 いっしょに買ってシンプルな約束を

いっしょに買い物に行って選ぶ時間を共有してはどうでしょう。「○○ちゃんが選んだから買ったよ。今日は△△以外はないよ」とシンプルに約束します。もし、あとから泣かれても叱らないでサラッと流し、変更はしません。根競べです。ダメだよといいながら要求を飲むのがいちばん悪い対応です。

98

だんだんご飯が適当になってきた。冷凍食品も多い。これでいいのか。

（女の子・3歳）

A1 これでいいのだ！

家事も育児も100%きちんとこなすのは、どんなにすごい人でも無理に近いと思います。頑張りすぎて食事作りがつらくなったら、「家族団らんの楽しい食事」になりません。ネットには、昆布からダシをとるようなていねいなお料理動画がたくさんあるのでプレッシャーを感じるかもしれませんが、手間の少ない冷凍食品に頼るなど上手に息抜きをして、心地よく過ごせる方法を見つけていきましょう！　**子ども自身が「食べることは楽しくて、家族で食べることは幸せなこと」と、思えていることがなによりたいせつ**です。

片付けは大人が率先

糸口は「子どもの
気持ち」にあり

第7章

生活習慣を整える

大人も子ども
いっしょに手洗い

風邪は寒さではなく
ウイルスのせい

対等な立場で
「相談」

99

おもちゃで遊ぶのはいいけど、後片付けしないでいつも散らかったまま。怒ってもなかなかいうこと聞いてくれません。

（男の子・３歳）

A1 片付けは大人が率先

先にいっておくと、残念ながら怒ることは解決になりません。怖ければ、そのときは片付けるかもしれませんが、習慣化することはなく、その場しのぎで終わります。まず、片付けない理由を聞いてください。お話ができなければ、よ〜く観察してみてください。すごく集中していてまだやめられないのか、おもちゃが多すぎるのか、片付けられない原因が見えてくるはずです。**じつは保育園では、大人が率先して片付けをします。「いつも散らかっている状態にしない」「散らかっていることに慣れない環境を作る」ということを意識しています。**

「そんなことしたら、いつでも大人が片付けてくれると勘違いするのでは……」と思いますよね。わたしも子育て時代はそうでした。片付けは手伝わないスタンスで、「片付けないなら捨てちゃうよ！」と捨てたこともあります。でも子どもにとって、お片付けってまったく必要ではないんです。だけど散らかしっぱなしは困る。「きれいな部屋が好きだからお片付け手伝ってくれたらうれしいな～」といっしょに片付けることを、まず習慣にしましょう。

いつも片付いている環境にいると、散らかっている部屋に自然と違和感を覚えるようになります。そうするとお片付けの必要性を感じ、自ら片付けができるようになります。が、お子さんはまだ3歳。自主的には無理かな。根気よくいっしょにお片付けを楽しんでくださいね。

A2 動線重視でレイアウト

保育園では、棚の配置や子どもの動線を大事にしています。自分で片付けができるとはいえ、まだまだ安定しない年齢です。片付けやすい、すっきりしたおもちゃの配置を決める。細かいものは箱などを用意して入れやすくする。棚の高さを子どもの目線に合わせるなどの配慮が必要だと思います。子どもの興味や季節に合わせて、おもちゃを入れ替えるのもたいせつです。おもちゃは多すぎると混乱して片付けがままならなくなるので、子どもと話し合いながら進めましょう。

100

「お片付けして」とお願いしても、すぐに動いてくれない。

（男の子・3歳）

A1 糸口は「子どもの気持ち」にあり

まだ小さいですから、片付けができなくても大丈夫です。5～6歳になっても解決していなければ、**お子さんをよく観察して「どうしてか？」を捉えましょう。**理由として考えられるのは、①まだ遊びたいから。②片付け自体がつまらないから。③場面転換（次へ）が苦手だから　④わからない。などです。それぞれ対応は変わりますが、共通するポイントは「次、なにをするか？」の見通し、期待を持たせるこ

とです。たとえば、いつまで・どこまで遊ぶかを、遊ぶ前に相談して決めておきます。片付け場所をパズルのはめ込みピースのように設定したり、片付け競争をしたり、いっしょに片付けるのもよいと思います。次にすることを明確にイラストや写真で伝え、繰り返し伝えることでリズムを作る方法もあります。**時間をかけてお子さんの気持ちを知ることが、なによりの近道**です。

A2 言葉掛けで次への見通しを

片付けをしてほしい時間の少し前に、**もう少しで片付けをする時間になることを伝えましょう。数字がわかるお子さんなら時計を見て「○になったらお片付けしようね」もいいかも。**次への見通しがお子さんにつきやすいようにします。

お子さんが一区切りできる目安を相談していくのもよいかもしれません。「片付けをしよう」と何度もいわれると子どもも片付けたくない気持ちになりがち。少したいへんだと思いますが、いっしょに片付けて「お部屋が広くなってうれしいね」「お部屋がきれいになったね。ありがとう」など、前向きな言葉でキレイになった空間を共感していくのも一つの方法です。

101

まだオムツです。トイレトレーニングのさい、トイレに入ることをイヤがってトレーニングが進みません。

（男の子・3歳）

A1

タイミングは千差万別

まずトイトレスタートのタイミングが合っているかみてみましょう。おしっこの間隔が2時間程度空くこと。おしっこだと大人に教えられること。などはいかがでしょう？**一概に3歳だから、とか、夏がトイトレに最適！　とかではなく、一人ひとりのタイミングがある**ので、見極めてください。

トイレをイヤがるのには、なにか理由があるのかもしれませんね。暗い、せまい、臭い……その理由がわかると解決が早いかも。よく、好きなキャラクターのシールを貼ったり、ぬいぐるみを飾ったりといった工夫を耳にします。どれも有効だと思います。あとは、座ったときに同じ目線に座り「一人にしないよ、待ってるよ」とのんびり待っていてあげてください。大人の気持ちは伝わりますから。

そして極端な話、トイトレができなくても、おむつから布パンツへ移行できてしまう子もいます。保護者さん自身が、ゆったりした気持ちで「いつかはずれるし大丈夫……」と思っていてください。

A2 大丈夫、ゆったりいこう

現在、おむつはずれは、以前より遅くなっており、2歳半から3歳前後が多いといわれています。保護者さんがプレッシャーをかけすぎた結果、タイミングを逃し、4歳頃までつけているケースもあります。**今は本当に個人差が大きくなっている気がしています。イヤがる様子があるときは焦る必要はありません。**お子さんの負担にならないよう、気長にゆったりと構えて、お子さんの状態を見ながら無理なく、進めましょう。

コラム　どろんこ保育園のトイトレ

子どもは1歳7～8ヶ月頃になると大人の簡単な問いかけに、「うん」「イヤ」と言葉で応じることができるようになります。当然この時期には個人差がありますが、どろんこ保育園では園児が「うん」「イヤ」と応じられる時期、かつ、厚着でない薄着の季節（春夏秋）に照準を当てて、保護者の方と〝綿パンツで過ごし始める日〟を決め、綿パンツを保育園用5枚＋洗い替え用兼自宅用5枚程度を用意していただいています。

また、トイトレにあたっては次の5つのコツを保護者様と共有します。

コツ❶初日から保育園でも家庭でも日中は綿パンツで過ごす（いっしょにパンツを買いに行くのも有効！）。

コツ❷あらかじめ我が子のおしっこ・うんちが出るタイミングをだいたいつかんでおき、トイレに誘ってみる（うまいことトイレで出たらほめ、出なくてもほめる／同じ目線に座り「一人にしないよ、待ってるよ」とのんびり待ってあげる）。

コツ❸綿パンツにおしっこが漏れてしまう経験＝気持ち悪い・冷たいから脱ぎたいと思う経験を積み重ね、その都度（絶対に怒らないで！）「着替えようね」「床を拭こうね」と言葉を掛けながら着替え・床拭きを行う。

コツ❹トイトレオムツ・パッドはサラサラとしていて、おしっこやうんちをしたときに気持ち悪いと感じづらいので〝起きている間は綿パンツ〟にする。

コツ❺日中にトイレで排泄できるようになって自信がついてから、夜のトイトレをスタートする。

子どもの一日の生活リズムは平日も土日も同じように繰り返されてゆきますから、日中のトイトレは保育園でも家庭でも同じように進めることがいちばんのポイントになります。なかなか進んでいない……と思う方には、ぜひ一度、保育園と家庭での日中の進め方を合わせることを保育士に相談することをおすすめします。

親や保育士が待っているだけではトイトレはスタートできませんから、大人の簡単な問いかけに「うん」「イヤ」と言葉で応じることができる時期が来たら、綿パンツを買うことから始めてみてください。

102

トイトレ中です。女のわたしと違うので勝手がわかりません。自分で下に向けるよう押さえるのをどうやったら教えられるのか、悪戦苦闘しています。取り扱い方法、だれか教えてー。

（男の子・2歳）

A1 コツは深めに座ること

トイレで「おしっこをする！」と思えている時点で、ほぼトイトレは終了です。あと一息ですね。いちばんよいのは「見本を見る」ことですので身内の男性にお力添えいただけるとよいですが、お母さんが教えるとなると難しいですよね。

保育園では、まずは座ってするさい、座り方として「深めに座る」ことを伝えています。そのまま便座の前のほうに手をつくことで前傾姿勢になり、飛び散りが少なくなります。

立ち便器でするさい、男の子はおちんちんが汗や体温で袋にくっつくことがあるので、そこからはがして持つ。さらに、腰のあたりを少し前に出すようにしておしっこをするとよいと思います。おしっこを出し終わったら、しっかり尿切れできるようにおちんちんを揺らし終わります。その他、保護者の方から「目印のためにトイレの洗浄スタンプを程よい位置につけてます！」という話を聞いたこともあります。

103

おねしょ対策にトレパンをはいてくれと懇願しても、「オムツ＝赤ちゃん」のイメージが根強いのか突っぱねられます。おねしょしたさいの洗濯が大変で、軽いうつです。

（男の子・5歳）

A1

自尊心を守りつつ、防水シートを

個人差はありますが、おねしょは小学校に進級する頃には自然となくなります。外泊でなければ、本人の気持ちを尊重し、できればオムツをはかせないであげてほしいです。**防水シートを使用すれば洗濯の負担も少し減る**と思います。

おうちでできることとして、たとえば寝る前にトイレに行くよう促したり、水分を多くとらないよう言葉を掛けたりするのはいかがでしょう。

また、**おねしょをしたときはお子さんの自尊心を傷つけないよう、叱ったり、がっかりした表情はせず、いつも通りに**接しましょう。いろいろ試してもおねしょが続いて心配なら、お一人で悩まず、いちど小児科に相談してもよいかもしれません。

104

トイトレは終わってるのに、わざと漏らす。幼稚園ではよい子らしいんだけど、とても信じられない。

（男の子・4歳）

A1 正常な子どもの姿

幼稚園ですごく頑張っているのですね。**園では緊張状態だからうまくできるだけ**だと思います。家ではリラックスしているから漏らしちゃうのかも。家と外での様子が違うのはよくあることで、正常な姿だと思います。子どもにも外面があって頑張っているわけです。その姿を受け止めてあげると、よい変化があるかもしれませんよ。

105

オムツはとっくにとれていて夏は全然お漏らししなかったのに、寒くなったら急に漏らす回数が増えた。なんで？

（男の子・2歳）

A1

体の機能としては自然なこと

寒いと「おしっこ」が近くなります。生理現象なので仕方がないですよね。叱ると心を閉じちゃうので「漏れちゃったね。気持ち悪いよね。取り替えよう」でＯＫ。**温かいものを食べて体を冷やさないようにする**など対策もしてみましょう。

A2

冬ならではの理由もあります

冬だと厚着をしがちなので、脱ぐのに時間がかかり間に合わなかった。また、トイレが寒く、ひんやりするので子ども自身も行きづらい、といったことが考えられます。あまりいいすぎるとストレスになるので、夏にお漏らししなかったのであれば、**自分のタイミングで行けるように見守って**みてください。

106

歯磨きが嫌い。なかなか仕上げ磨きをさせてくれない（自分ではまだ磨けません）。

（男の子・2歳）

A1

お膝を定位置に

食後・入浴後・就寝前など決まった時間に歯ブラシを出して口に入れることから始め、生活のサイクルの一つとして自然に組み込みましょう。**0〜2歳児の歯磨きのいちばんのコツは、お父さんやお母さんの膝の上を定位置にすること。**膝の上でリラックスしてゴロンと横になれるように誘導してください。手遊びで口回りや頬などに触れて親子で楽しくコミュニケーションをとりましょう。食事のさいに子どもが自分でスプーンを握って口に持ってこられるようになったら、お子さん用の歯ブラシと仕上げ磨き用の歯ブラシの2本を用意。自分で歯ブラシを持って磨く真似を始めます。磨く真似がだんだん様になってきたら、大いにほめてあげてください。子どもだけではしっかり磨けていない部分があるので、最後の仕上げ磨きはお父さんやお母さんがしてあげましょう。

A2 「なぜするか」をわかりやすく

自分で歯ブラシを口に入れることはイヤがりませんか? 自分で入れられるのであれば、好きなぬいぐるみや人形に歯磨きをしてあげるごっこ遊びを楽しんで、イヤなことから楽しいことに切り替えるのも一つの方法です。

幼児は、「歯磨きをする=虫歯にならない」が結びつかないことがあります。「お口のなかのバイキンマンは、『歯に甘いお菓子がくっついていないかな?』っていつも狙っているのよ。ガリガリされないように歯磨きして追い出しちゃおうか」と具体的にわかりやすく誘いかけると、子どもの頭のなかでイメージしやすくなります。「大変だあ」といいながら「おいでおいで」をすると、食べられてはたいへんと、すんなりと保護者さんのお膝に来てくれるのではと思います。

107

靴を揃《そろ》える習慣がどうしても身につかない。

（男の子・5歳）

A1

大人が見本を見せ続ける！

大人やいっしょにいる人がしている姿を見せると自然と身につきます。憧れのある大好きなお父さんやお母さんがやっていることは自然と真似していくものです。**「揃えておくと、次に履くときに便利でいいよね」**と、声を掛けるのもよいかも。

108

何度いっても、家に帰ってきたときに手を洗わない。

（男の子・5歳）

A1

大人も子どももいっしょに手洗い

アプローチを変えて、手を洗いたくなるようなシチュエーションを作るのがいちばんですね。たとえば、お子さんといっしょに泡が出るボトルを買いに行くとか。最近は自動で泡が出る物もあります。**子どもと家に帰ったら、いっしょにすぐ洗面所に行くのもよいと思います。大人が先にリビングに入り、あれこれしながら「手を洗いなさい」といっても洗わないもの**です。おすすめは、手を洗うルーティーンを作ること。手にばい菌がついているとこうなる、という絵本をいっしょに読むのもよいですね。お腹のなかにばい菌が入るとどうなるかがわかる本です。それから「見えないけどついているんだね、これからいっしょに洗おうね」といいましょう。

109

1時間近くかけて寝かしつけても、1時間くらいすると夜泣きしながら起きる。なんとかならないかなぁ……。

（女の子・2歳）

A1 プロの保育士でもたいへん

「寝かしつけ」「夜泣き」について工夫してもうまくいかない家庭は多いと思います。わたしも頭を悩ませています。早起きを意識する、生活のリズムを見直す、寝る前のルーティーンを作る、スキンシップを多くする、寝る前に日中の出来事をいっしょに振り返る……。言葉でいうのは簡単ですけど、じっさいに取り組んでもうまくいかないんですよね。**わたしは保育を仕事にしていますが、こればっかりは難しいです。**

同じように悩んでいる保護者さんは日本中にたくさんいます。少なくともわたしはその一人です。「この状況は自分だけじゃない」ということを頭の片隅に置いてみてください。永遠には続きませんので、頼れる方がいるときは存分に頼りながら、休めるときは思う存分休みながら、保護者さん自身のお身体もたいせつにしてくださいね。

110

「絵本読みたい！」「ブロックしたい！」と毎日やりたいことがてんこ盛りで寝たがりません。就寝するのは22時以降が当たり前。親の体力が持ちません……。

（男の子・4歳）

A1 対等な立場で「相談」

親だって一人の人間。なんでもこなせる、叶えてあげられるスーパーマンではありません。なので大人もきちんと自分の気持ちや状況を、ありのままお子さんに伝えるべきです。**「いっしょにたくさん遊びたいけど、お母さん（お父さん）も今日は疲れちゃって眠いからもう寝たいな」と素直に気持ちをお話しください。「もうすごく眠くて寝たいんだけど、どうしたらいいかな？」とお子さんに相談**してみたり……。相手は子どもだからと捉えるのではなく、一人の「人」として、自分と対等な立場で向き合うこと。そして真剣に伝えることがポイントです！

A2 おやすみまでの「流れ」を作る

子どもの体力は日を追うごとについていき、いずれ親の体力と逆転します。体力を超えても遊びたい気持ちから、眠気をよそにしたいことを続ける姿も見られます。よくあるアドバイスですが、**寝る前のルーティーンを作っていくと寝る気持ちに向かいやすい**です。歯磨きのあとに、おもちゃにおやすみをいう。絵本を3冊読んでから、また、今日の楽しかったことを話してからなど、取り入れられそうな、興奮させないようなことをしたうえで寝室に向かうと、寝る見通しが持ててスムーズな睡眠につながります。

コラム どろんこ保育園のお昼寝

どろんこ会では、まずは子どもの体力に合わせて日中の活動量を上げることを検討します。また、昼寝の時間に無理に寝かしつけをしたりはせず、子どももそれぞれが昼寝時間中の過ごし方を選択できるようにしています。たとえば、夜なかなか寝ないことに困っている保護者様とは、「では、今週は昼寝の時間中は自分でやりたいことを選んで活動すること、疲れて眠りたいときだけ横になるように言葉掛けしていきますね」「今週過ごしてみて夜の睡眠時間が少ないようでしたら、来週は園庭で過ごす時間も加えてみるなど活動量を増やすことも試してみますね」といった風に相談して調節しています。お子さんの体力と必要な休息、日中の活動量を保育園と相談していろいろ試してみることをおすすめします。

111

暑がりで冬でも半ズボンで過ごす娘。寝るときは長袖長ズボンのパジャマを着てくれるけど、結局膝や肘までめくりあげて寝てます。布団からも飛び出すし風邪をひいちゃいそう。

（4歳・女の子）

A1

風邪は寒さではなくウイルスのせい

保護者さんはどうして長袖を着せたいのでしょうか？　袖をめくるということはお子さんは暑いんです。だから、自分で調整しているわけです。

大人は「寒いと風邪をひいちゃう」と思いがちですが、**風邪をひくかどうかはウイルス**

によるもので、手洗いやうがいをきちんとしてるかに左右されることが多いです。大人だって、暑いのに「長袖を着ろ」っていわれたらイヤですよね。子どもの体感温度は大人とは異なります。ある程度成長したお子さんは、自分で心地よく過ごせるものを選べます。しっかりしているお子さんほど、大人がよかれと思って都合を押し付けようとしてもいうことを聞きません。半袖を着て本当に寒い思いをするようなら、お子さんは自分から長袖を着るので大丈夫です。

保育園ではちょっと暑い日には、暑さから身を守るためにすべきことを気付かせるような言葉掛けをしています。「今日は暑くなるみたいだから帽子をかぶっていこうかな～」と、お子さんが「そっか、暑くなりそうなときには帽子をかぶるといいんだな」と**自分で感じ取って考えられるようになるといい**ですね。さまざまなシチュエーションに合わせて対応することができるよう、子どもに伝えていく必要があります。ですから、寝るときは大丈夫でも、朝方に冷え込みそうな日は、寝る前に「お母さん（お父さん）寒くて寝れなそうだから、長袖の下にもシャツを着て寝ようかな！」「○○ちゃんは寒くない？」なんて会話をしてあげるといいと思います。そうやって、自分で気付いてもらうことが大事なんです。

112

テレビや動画サイトにハマってしまい、いつでもどこでも「みせろ～！」と癇癪。親としては制限したいが、公共の場で騒がれると周りの目を気にしてしまい、つい見せてしまう。

（男の子・2歳）

A1 子どもの気持ちを汲み取って

電車内など公共の場で騒がれると周りの目が気になるので見せちゃいますよね。後ろめたさを感じてしまうこともわかります。でも、やむをえないときもありますよ。

癇癪を起こすときは、子どもの気持ちを汲み取り、**「まだ見たかったんだね」とその子の思いを言葉にしていく**と、自分の思いをわかってもらえた安心と、言葉の表現方法を知ることで少しずつ落ち着いていきます。

A2 子どもの前では大人も制限！

急にやめるのは難しいので、見る時間や場所を決めて、少しずつ利用時間を減らしていきましょう。そして、**わたしたち大人も、子どもの前でのテレビやスマホなどの利用を控える**ようにしましょう。子どもは大人の姿を想像以上によく見ています。

コラム どろんこ保育園の「ホンモノ体験」

子どもは将来、ＳＮＳが及ぼす悪影響もあることを承知しながらも、さまざまなツールを使いこなすことになります。だからこそ、人格形成期である0～8歳頃のうちに、自然のなかでの実体験を通じて危険なものとの距離の取り方を知り、「生活力」を体得しておくことが必要です。

どろんこ会では火や水や土に触れたり、針や工具などのさまざまな道具にも触れたり、川や海や山へ出かけたり、食材を自分で手に入れてさばいたり加工したりといったホンモノの体験をたいせつにしています。

親子でどんな挑戦をするか？　お子さんと話し合いながら、ぜひ計画を立ててみてください。

113

もうすぐ小学校入学なので、自分で靴紐を結べるようになってほしいです。どう教えればいいでしょうか。

（男の子・5歳）

A1 遊び感覚で大きいものから

子どもは本質的に「できるようになること」が好きです。ただ、子どもの持ち物や靴は小さめにできているため、意外と難易度が高く、諦めてしまうこともしばしばなんですよね。わたしは以下のポイントで教えています。

①トレーニングでなく、遊び感覚で楽しく
②大きいもの（長めのもの）で始める
③自分の持ち物を結んでみる

ちなみに、向き合って教えると子どもが理解しづらいので、子どものやる向きと合わせて隣で進めるか、**子どもの後ろからいっしょに結ぶ**体勢で教えます。

114

お箸《はし》の練習をしていますが、「できないー！」といつも泣き叫んでいます。どう声掛けをすれば頑張ろうと思えるでしょうか。

（男の子・5歳）

A2

歌いながらがおすすめ

わたしの場合は「片っぽで丸を作って、しっかり持ってて〜♩」と、ゆっくり歌に乗せながらいっしょにやってみせます（原曲：Aimer「蝶々結び」より）。また、**一人ひとり手先の発達や器用さなども異なります**ので、かた結びから始めるのはいかがでしょうか。

A1

遊びを通して指の成長を

お箸って、練習でできるようになると思われがちですが、そもそも指の動きが十分に発達していないと難しいんです。**お箸が使えるというのは、練習のたまものではなく、日常の発達の結果としてできるようになる**ものです。なので、当面はフォークと併用でもいいんじゃないでしょうか。「できなければダメ」という接し方はつらいですし。遊びを通して指を成長させてあげてください。

115

物を投げることが危なくて心配。食事中であればフォークやスプーンを投げます。寝ていたら顔面に野球ボールを投げられ流血しました。

（男の子・2歳）

A1 なぜダメかを繰り返し伝える

まずは「なぜ投げているか？」を把握しましょう。怒っているのか、興味を引きたいからなのか、楽しいからなのか、それによって対応は変わってきます。怒っているのであれば、怒っている理由を受け止め、「これがイヤだったね」といいつつ、投げる行為以外に興味を引いて、気持ちを切り替えてあげるとよいと思います。

だれかの興味を引きたいのであれば、それはお子さんなりの「かかわりたい」という表現方法なのです。ただ、よい表現方法ではないので毅然とした態度で「それはダメ」と伝えていきましょう。そのうえでしっかりとかかわる時間を設けてあげることで、お子さんも「投げるという行為をしなくてもかかわってくれる！」とわかっていきます。

投げる行為が楽しいのであれば、投げてもよい物・場所を用意し、「これなら投げてもよい」ということを繰り返し伝えてあげてください。そうすることで投げて遊びたくなったら、その場所で投げると理解できるでしょう。

しかし、どのような理由であっても、周りに迷惑になる場合や危険な場合は、すぐに止めることがたいせつです。たとえ**時間がかかっても、なぜ投げたらいけないのかお子さんに繰り返し伝えてあげて**ください。

A2 笑わず真剣に

投げてほしくないものを投げた場合は、**毅然とした態度と表情で「いけない」**ことを伝え、淡々と片付けます。お子さんとの会話は楽しく、うれしく、笑顔で行うことがほとんどですよね。でも、いつも笑顔の優しいお父さんやお母さんが笑わずに真剣に伝えてくることに、お子さんは少なからず違和感を覚えるはずです。

ケガをさせられたことも、わざとではなくとも好ましいことではありませんので、笑わずに「いけない」と伝えることがたいせつになります。

116

気に入らないことがあると、おもちゃを投げたり物に当たります。たいせつにしてほしいです。

（男の子・3歳）

A1 率直に短い言葉で

イヤなことがあったときの**気持ちの表現が「投げる」になっている**のかも。あるいは、見てほしい気持ちがあるとか。よくあるアドバイスですが、危険がないなら「投げる行為自体には反応しない」のがおすすめです。これでおさまらなければ、「投げない」と率直に短い言葉で伝えましょう。

A2 まずは気持ちを落ち着かせてから

自分の見通しと違うことが起きたとき、お子さんは頭のなかを整理できず気持ちが爆発しているのかもしれません。園でもよくある光景です。保育現場では、まず**「これがイヤだったんだね？」「なにがしたかったの？」**と**いって気持ちを落ち着かせる**ようにします。そして落ち着いたタイミングで「投げたおもちゃが体に当たったら痛くない？」や「物に当たってケガをしていない？」と伝え、自分で気が付くのを期待します。

117

家の壁にラクガキします。我が家は賃貸住宅なので、なんとしてもやめさせたいです。

（男の子・3歳）

A1 段ボールを活用

「ここには描かないでね」とお子さんと向き合い、正直に伝えましょう。そのうえで、**模造紙や段ボールなどを渡して、「ここなら思いっ切り描いていいよ」とダイナミックに描ける場所を提案**するのはいかがですか。すごく大きな段ボールが手に入ったら、なかに籠ってのお絵描きタイムとか。保育園にはそれが大好きなお子さんもいて、立ったまま段ボールの天井や壁に描き、最後はなかで寝転び見上げて、とても満足そうに眺めています。それでも壁に描いてしまったときには、いっしょに消すことで「描いてはいけない場所」を印象づけるのもよいですね。

コラム　どろんこ保育園の雑巾がけ

どろんこ会では子どもたちが毎日必ず取り組む「日課」があります。その一つが「雑巾がけ」です。

なぜ雑巾がけをするのか、その理由は次の2点です。

・転んでも自分の体を支えることができる徒手力を身につけるため

・自分が暮らす場所を自分できれいにするため

どろんこ会の園で雑巾がけを始めるのはおおむね1歳児から。最初の頃は雑巾を絞る力が弱く、体も上手に使えません。なので、膝をついたまま行ったり、途中で転んだり……。

雑巾がけでバランスを崩して転んでしまうのは体幹の弱さも理由の一つです。そして、体幹は鍛えるのではなく、小さな頃からの日常の活動や遊びのなかで楽しく自然に養うのがたいせつです。だから、雑巾がけなのです。

子どもたちは、毎日続けることでじょじょに上手になっていきます。やがて、雑巾がけをするたびに「きれいになったね」「雑巾がけって楽しいね」といった言葉が聞こえてきます。「窓を拭く」「洗濯物を干す」などのお手伝いにも体作りに大事な動きが含まれています。時にはお子さまといっしょに掃除をしてみると、おうちもきれいになって一石二鳥かもしれませんね。

第8章

お出かけ前・お出かけ中のバタバタを和らげる

118

車が大好きな息子、洋服も車が印刷されているものでないと着なくなりました。洗濯中だと朝から大泣きで出発できません。

（男の子・2歳）

A1 主張できるほど成長しています！

まずは、「これがいい！」って主張できるくらい成長したな〜と考えてみるのはどうでしょうか。「好き」をたいせつにすることは、お子さんの成長につながります。

とはいえ、ご相談にある通り、お気に入りの服を全部洗濯していて今日着られるものがないときもありますよね。我が家の場合、「今、お洗濯しているからね。大好きなお洋服を着たかったね。明日は着ていけるからね〜」と気持ちに寄り添いながら伝えても大泣き。「我が子は今、泣きながら気持ちを切り替えている！」と自分にいい聞かせても、家を出る時間がせまると大人も困り果てて泣きたくなります。

そんなとき、わたしは深呼吸して「もうすぐ出かけます。今日着る服はこれかこれです。自分で着るのとママが手伝うのとではどっちがいい？」と淡々と聞きます。「ママ」

といってくれる日もありますが、「イヤー！」となる日も。なかなか一筋縄ではいきません（笑）。

日頃からお子さんのいろいろな「好き」を知っておくと、気持ちの切り替えに活かせるかと思います。

119

お姫様スタイルの服が好みで、自分がお姫様であるかのように振る舞います。他の服を選ぶと着てもらえず、髪も髪かざりやリボンを使って結ってあげないと不機嫌になります。

（女の子・4歳）

A1

たくさんの選択肢から決められるように

お姫様の恰好が不釣り合いなときや時間がないときに、お子さんのこだわりに付き合うのはたいへんですよね。**「今日は〇〇へ出かけるから、ママ（パパ）だったらこのほうが**

走りやすいな」「今日は時間がないから、○○にすると、早くお出かけしてたくさん遊べるね」など、先の見通しを話してあげると自分で判断するきっかけにつながります。お姫様の恰好は素敵だけれど、また別の機会でもいいと思ってくれるように、選択肢をたくさん考えられるようにするとよいかも。

120

出発時間が決まっているときに限って、遊び出します。どのように声掛けしたらよいのかがわからず、怒鳴ってしまうことがあります。

（女の子・4歳）

A1

事前の言葉掛けをしっかり

お子さんは、楽しそうなことを見つけるのが得意なんだと思います。でも、保護者さんもイライラしちゃいますよね。出発時間が決まっているのであれば、「このアニメが終わったら出かけるよ！」など、事前にわかりやすく伝えましょう。見通しを持つのは難しいかもしれませんが、**出発時間になったときにお子さんが「そうだった！」と気付けるように言葉を掛けておく**ことが大事です。タイミングは、前日の夜のうちに「明日はお出かけするよ」と期待を持てるよう話しておいたり、朝のうちにも伝えたり、子どもの遊ぶ様子を見ながら忘れていそうだったら再度言葉を掛けたりと、**複数回伝えてあげる**とよいと思います。

121

ふざけて、親の手を振りほどいて走り出して物陰に隠れようとします。危ないのに本人は追いかけっこだと思っています。どうすれば手をつないでいてくれるんでしょうか。

（男の子・2歳）

A1

大事なのは伝え方

「ここは手をつないで歩く場所」「ここは思い切り遊ぶ場所」と区別できるようにした

A1

言葉のキャッチボールをたいせつに

122

急に大きな声を出したり、走り回ったり、思ってもいないような行動に出ます。車にひかれるのではないかと目がはなせません。

（女の子・3歳）

いですね。どんなにお子さんが手を放したがっても「ここはママ（パパ）と手をつないで歩こう。でも、このあと公園に着いたら思いっ切り追いかけっこしようね」と、お話ししてはいかがでしょうか。どうしても危ない場所では手をつなぐ必要があります。ただ、**手をつなぐときに、大人が握るのではなく子どもに握ってもらいます。一方的に強く握られると大人だってイヤ**ですからね。

視覚的な情報に影響を受けやすいタイプのお子さんは、大人がぜんぜん気にしないようなものにびっくりして「わっ」と声を出すことがあります。園にも道の反対側の小さなお花が気になって、急に飛び出そうとする子がいました。お子さんがなにに反応しやすいのかを探っていくのが一つの手です。

ただ、裏を返せばいろんな興味を持っているということですから、すごくいいことでもあるんです。**「○○が気になったんだね〜」と伝え続けていると、次第にその子から「あそこに○○があるよ！」と言葉でいってくれることがあります。気持ちの表出が行動ではなく、言葉でワンクッション置いて出るようになる**んです。言葉を紐づけしてみましょう。

A2 エネルギーを発散する

こういう子って、走り回りたい気持ち、エネルギーを蓄えています。**思いっ切り発散できる場所で「わー」っと発散したあとにクールダウンして落ち着いて過ごしたい**ですね。

発散する場所と落ち着いて過ごす場所、オンオフの緩急をつけてあげるのもいいと思います。

123

友達と駐車場で走り回るのをやめてほしい。何回注意しても聞いてくれない。

（男の子・5歳）

A1 注意は具体的に、シンプルに

「危ないよ」といっても、もう耳に入らない。「やめなさい！」といってもやめない状態を作ってしまうのはよくないと思います。**なるべく早めに「あそこは車が出入りしていて危ないから走らないで」とシンプルに伝えましょう。**ずっといってて聞かないのは、いってていないのと同じなんです。

走ってほしくない場所では、「車がいっぱい通るから、大人と手をつないでいこうね」と先に一言いってから歩き出すのもいいと思います。怒っても聞かない図を作るのを避けましょう。

※もし保育園や幼稚園の駐車場で親同士が話している間に……ということでしたら、子どもにいい聞かせるのではなく、親が話をする場所を変えましょう。

124

病院で急に走り出したり、床にゴロンとしたり……。静かに落ち着いてほしいときに限って落ち着いてくれない。

（男の子・3歳）

A1 なにをするか具体的に伝えて

病院は大人でも緊張する場所ですよね。また「どんな治療をされるのだろう」と恐怖も感じます。子どもならもっとではないでしょうか。**抱っこして安心させたり、なにをするのか具体的に伝えることで、子どもが落ち着けるように**してはいかがでしょうか。

A2 「見通し」で安心感を

子どもが落ち着かなくなる要因の一つとして「ストレス」があります。したくないことやイヤなことから逃れるために、そうした行動をとるのです。まずは、お子さん自身の不安を受け止め、できるだけ取り除いてあげましょう。たとえば、「お咳がいっぱい出てイヤだったたね。ママ（パパ）といっしょにみてもらおうね」などの言葉掛けです。

そのうえで**「おうちに帰ったらママ（パパ）となにして遊ぼうか」など見通しを持たせてあげる**のもよいと思います。

ルールを伝えることも大事ですが、まずは安心して保護者の方の言葉に耳を傾けられる環境を作ってあげることができたらよいかなと思います。

A3

絵本やおもちゃを準備

王道ですが、待合室で楽しめるもの（絵本やおもちゃ）を持っていっては？

125

スーパーでカートに座ってくれない。ギャン泣きして、仕方なく降ろすと猛スピードで走っていく。追いかける気力もなくなる。

（男の子・2歳）

A1

歩きたい気持ちも汲んだ言葉掛けを

自分で歩ける、速く走れる！　と知ってしまった子どもです。走りたくなります。2歳頃から、「やってみたい」「自分でやる」という気持ちが大きく表れてきます。カートに乗ってくれないのも自分で歩きたいからかもしれません。ただ、どうしてもカートに乗ってほしいとき、いっしょに歩いてほしいときなど、さまざまな場面があると思います。**事前に「いっしょに行こうね」と手を差し伸べながら言葉を掛けたり**、そのときの状況に合わせて大人の気持ちを伝え、お子さんが納得してから行動するのはいかがでしょうか。

A2　おしゃべりタイムのあとにお願い

わたしの場合、**カートの前にちょっと子どもと向き合うやりとりの時間**を設けています。ちょっと抱っこして、なに買おうか？　とちょっとおしゃべり……。その後、「さぁ買い物しよう。お願いがあるけれど……」とカートに乗ってもらいます。

126

我慢ができない。お出かけ中に些細なことでも我慢させようとしたら、即座に怒って「かえる！」といい出す。

（男の子・4歳）

A1

それ、セルフコントロールしているのかも

お子さんが「かえる」といったときにすぐ代替案や解決案を出そうとしていませんか？　**「かえる」という言葉で自分の気持ちを満たしたり、コントロールしようとしている**のかもしれません。お子さんの思考の選択肢を増やすためにも、お父さんやお母さんの気持ちや状況を、まずはしっかりとお子さんに伝えることが大事だと思います。

127

場所見知りがひどい。初めて行く場所に拒否感が強くて困る。

（女の子・4歳）

A1 写真で「初めて感」を減らす

成長していくなかで、「初めて」に対して抵抗感や警戒心を抱くことは、自分自身の命を守っていくためにたいせつな信号が備わっている証です。お子さんは成長過程で強く反応しすぎたり、反応が鈍かったりしながら適切なかかわり方を学んでいきます。**初めての場所がどんな場所であるかをわかる範囲で伝えたり**（パンフレットやＨＰなどで見るのもいいですね）、元々知っていることや経験できていることを織り交ぜたり、できたことを言葉で伝えるなどして、「初めて行く場所でも過ごせた」という経験を積み重ねていけるとよいと思います。

A2 「なんで？」からヒントを

慎重派なお子さんなんですね。時間が経って慣れてくると、その場を楽しむことができるんでしょうか？　「安心できる人といっしょなら初めての場所でも大丈夫」「初めての場所だからこそ、経験したことがないことがたくさんあって、わくわくできるんだな〜」「初めはドキドキするけど、行ってみたら楽しかったな。ドキドキするのだけ、乗り越えればいいんだな〜」などなど、お子さんの性格によって乗り越え方もさまざまだと思います。**まずはお子さんの場所見知りに対して「困る」という大人の考えをいったんリセットし、「なんでこの子は場所見知りをするんだろう?」と探ってみる**とよいかもしれません。意外な理由やヒントがみえてきます。

128

公共の場で注意していると、奇声をあげて抵抗しようとする。ほんとキツい。

（男の子・4歳）

A1

小さな声でゆっくり、トーンダウン

奇声を発するには理由があります。お子さん自身にとっては必要のない注意だったのかもしれませんね。奇声がつらいなら、その場ではいわず、あとからいうのもアリかと思います。ちなみに、**保育の現場では、お子さんが「わー」ってなったときは、小さな声でゆっくり話します。**「どうしちゃったの」「怒っちゃったの?」って。トーンダウンし

た感じで。すごく低い声で一呼吸おいて「大丈夫?」って。

129

自分の要求が通るまでテコでも動きません。外出中に疲れると「だっこしてー!」と泣き叫ぶ。他にも兄弟がいて抱っこできないと説明するも受け入れてくれません。

（女の子・3歳）

A1

説明前に「心」を認める

まずは「疲れたよね~」と、お子さんの気持ちに共感してあげましょう。「暑いもんね~」「歩いたもんね~」と、心をちゃんと認めてあげてから、こちらからのしてほしいことを伝えます。最初から「歩かなきゃダメ」じゃないんです。「〇〇ちゃんもいっぱい歩いたもんね」といってあげてください。

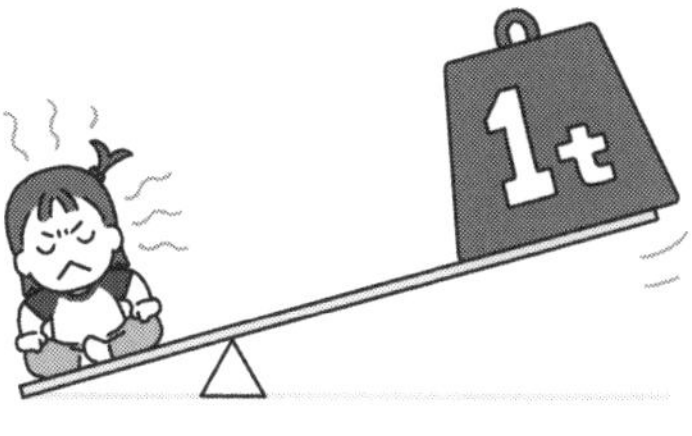

130

ジャンパーなどの防寒具を着てくれないので風邪をひきそう。すれ違ったおばさまなどに「あら寒そうね」といわれてしまう。

（男の子・2歳）

A1 世間にどう見られるかよりも……

子どもは大人が考えるほど寒さを感じません。一瞬、寒いと感じても動きが激しいためすぐに体が温まるので、防寒着を拒否するお子さんも多いです。また、厚着して動きにくくなるのをイヤがるお子さんもいます。お悩みについて同僚とも話しましたが、みな、**防寒着を頑なに着ない子で本当に風邪をひいた子は見たことがない**そうです。子どもは自分のことをよくわかっているようですね。

それにしても、世間の目を気にしながら子育てをしなければならない世の中でたいへんですよね。でも、子育てで大事にしたいことは世間にどう見られるかよりもお子さんがどう育っていくかだと思います。「うちの子は寒さに強いんです！」とお子さんといっしょに胸を張って歩きましょう！

131

外出中、トイレのなかで実況中継される。「ママうんちでたー！」と大声でいわれた。

（女の子・2歳）

A1 大人の気持ちを一言どうぞ

お子さんは自分の周りのことに関心を持ち、発見して伝えてくれているわけです。笑顔で応えてあげたいところですが、そうもいかない状況ですね。ストレートに**「大きい声でいわれたらママ恥ずかしいな」と一言いう**のはいかがでしょうか。

コラム どろんこ保育園の「商店街ツアー」

どろんこ会では子どもたちの「6つの力」を育んでいます。

①ケガをしない強い体を育てる
②自分でできることを自分でする

③すべての人とのかかわりから判断・行動を身につける
④活動を選択し、自分で考えて行動する
⑤生死を知る
⑥感じたこと・考えたことを表現する

このうち、③の力を育むための活動の一つが「商店街ツアー」です。さまざまな仕事を目にし、地域の大人と目を見て話すことを目的に、週に1回、お店や会社を訪問しています。訪問先は、警察署や消防署、郵便局、最寄りの駅、スーパーマーケット、生花店、青果店、理容室、パン屋、和菓子屋、流通センターなどさまざまです。

たいせつにしているのは「子どもたちが自らお店・会社の方に質問してコミュニケーションをとること」ですが、最初はなかなか難しいもの。ただ、回数を重ねるうちに、子どもたちは自分で質問を考えるようになります。

ご家庭でも散歩や買い物に行くさい、お店の方とのコミュニケーションを楽しんでみてはいかがでしょうか。興味関心が高い分野であれば、思わぬところで自然に質問が出るかもしれません。いろいろな人と話すのが大好きなお子さんにとっても、社会勉強につながるよい機会になるはずです。

第9章

理想の親になれない!と思ったら

132

とにかく遊んで遊んでと訴えてくる。もちろんいっしょに遊ぶけど、何度も同じ遊びをさせられるときや、疲れているときは「いいかげんにしてくれーー！」といいたくなる。

（女の子・4歳）

A1

「大人だって、たいへんなんだよ」

子どもの要求に応えてあげようとする優しい気持ちが伝わってきます。でも、**大人もたいへんなんだと話してもいい**んじゃないでしょうか？

「お父さんやお母さんも仕事をしている」「家に帰ってからもすべき家事がある」と。わかってくれる年頃だと思います。

133

家事のときに一人遊びをしてくれて助かるんだけど、途中から「ママ見て～」が始まる。見るまで続くので、家事が進まない。

（女の子・3歳）

A1 アイコンタクトで満足感を

大好きなママに自分を見てもらいたいのですね。ママの笑顔を見て安心感を得ているんです。このとき、見てもらうことによる満足感が十分に得られないと「ママ見て！」がさらに激しくなります。「○○できたね」「××（家事の内容）終わったらまた見せてね」など、**アイコンタクトをとりながら「ママはここにいるよ、あなたのこと見てるよ」をしっかり伝えて**あげましょう。

A2 いっしょにお手伝いを

子どもは、一人遊びでは集中してなにかを達成しようとするものです。大人でも頑張って作ったりしたものは身近な人に「うまくできたでしょ？」といってほめてもらいたい気持ちになりますよね？

　家事を手伝ってもらうのはどうでしょうか。**手伝いをする子どもは自己肯定感が高まる**といわれています。手先が不器用なのでうまくできないかもしれませんが、「お手伝いしてくれるなんて助かるわ」と伝えながら、手伝ってもらいます。たとえば、洗濯物をピンチハンガーからはずしてもらったり、タオル類をたたんでもらったり、料理のさいに野菜をちぎってもらったり、食器拭きを手伝ってもらったりしてみてはいかがでしょう。

134

一日中「おかぁさん！」って呼ばれてる気がします！　言葉の最初に「おかあさん」がつくので気が休まりません（笑）「おかあさん、みてみて！」「トイレ！」「おかあさん、おいしい！」「おかあさん、おかあさん、……。とってもかわいいけど、ちょっと考えごとさせてくれー！

（男の子・5歳）

A1

共感方法もいろいろ

お母さんのことが大好きなのが、とても伝わってきます。でも、すべての言葉に応えていたら大変ですよね。疲れたときは、ニコッと笑って応えるだけでもよいと思います。子どもが伝えてくるのは、共感してほしいという気持ちからのことが多いので、**笑顔やアイコンタクト、頷きやグッドサインなどで応えるのも共感に**なります。こうした共感方法は園でも使います。とくに両手ハイタッチは「できたね！　やったね！」などの共感によく使います。保育士は複数の子どもを見ていますので、少し離れた場所で「できた！」の場面があったときなど、まだ試行錯誤している他の子の妨げにならないように、表情とグッドサインなどで「ちゃんと見ていたよ。できたね！」の共感を送ります。

A2 園での様子を聞いてみるのも

まずは、**なぜ「おかあさん」と呼びかけるのか理由を探って**みましょう。「ママが大好きでいっしょにいると楽しいから」というのであれば、子どもと目を合わせてしっかりお子さんに向いて返事をしていればＯＫかと思います。一方、不安からの行動の可能性もあるので、集団生活のなかでどんな様子か、通われている園の保育士に聞いてみると手掛かりがあるかもしれません。

135

延々と同じことを繰り返すことにうんざりです。アンパンマンは何百回と見ていて、もう頭がおかしくなりそうです。

（男の子・4歳）

A1 押しつけではないルール決め

視聴時間を決めちゃいましょう。あと、自分がなにか見たくなったなら、ストレートに「お母さんアンパンマン見たくないから別のにするね」でいいんです。**大事なのは子どもといっしょにルールを決めることです。押しつけではなく、ちゃんと合意する形のルール**です。

A2 区切りをつけるには「見通し」を

我が家では動画サイトで同じことになっています。区切りをつけないとエンドレスになってしまうので、**「あと1本見たら終わりね」と見通しを伝えて**います。

136

好きなものへの執着心がびっくりするほど強いです。最近は恐竜のモササウルスにハマり、毎日録画したNHKの「ダーウィンが来た！」のモササウルスの回を4～5回は見ています。まだまだ飽きる様子はなく、わたしも毎日、モササウルスの番組を見続けなければならず、とてもツライ。

（男の子・5歳）

A1 保育士目線では大チャンス

これは保育士からすると園でぜひ使いたいネタですね。恐竜博士に仕立てて、園をその力を発揮できる場所にしちゃいたい。お友達に知識を披露してもらうんです。「○○のことなら△△くんに聞いておいで！」なんて。

たとえば、うちの園におばけのキャラクターを作ってくれる子がいます。わたしたち保育士が盛り上げていたら、次第に他の子にも作ってあげるようになり、いい感じです。

執着したり夢中になったりすることは、わたしたちは逆に「チャンス！」と考えます。お子さんが通っている園の先生に、恐竜にハマっていることを伝えてみてもいいんじゃないでしょうか。

とはいえ、保護者さんからするとテレビもとられてしまうし、つらいですね。でも、一生続くわけじゃないですから、ぜひできるかぎり付き合ってあげてください。

137

おままごとが苦手でキツイ。子どもと遊ぶのが苦手なんだと思う。

（女の子・5歳）

A1

たくさんリクエストしてみては

ご飯を作ってくれるなら、自分の食べたいものをリクエストします。「好きな食べ物シリーズ」「○○が食べたいなあ」など、会話を楽しんではいかがでしょう。**疲れてきたら「会社に行ってくる」**といって出かけ、仕事中だからとイヤホンをしてもよいのでは？　お子さんに合わせなければと思うと苦しいですが、こちらの都合をどんどん伝えても子どもは受け入れてくれます。**昼寝タイムを伝えて「○時になったら起こしてね」や「○○ができたらよんで」**など離れても大丈夫です。気力・体力・時間があるときは、本物のお料理のお手伝いをお願いするのもおすすめ。レタスなどをちぎってもらいましょう。

A2 正直に伝えて、いっしょに考える

素直におままごとが苦手だと伝えてはいかがでしょうか。お子さんにも苦手なことがあれば（食べ物、運動、お絵描きなど）それを例に出すと伝わりやすいと思います。おままごと以外で、お子さんとのかかわりで苦痛に感じないことはありますか？　おしゃべりする、いっしょにテレビを見る、歌を歌う、いっしょにご飯を作るなど、これならできそう！　というものがあれば、「おままごとは無理だけど、これかこれをいっしょにしてみよう」と提案してください。**お子さんも大好きな保護者さんに苦手なことがあると知り、苦手な遊びをしないで済むよう、どうしよう……といっしょに考えてくれる**と思います。

138

ほめるのが難しい。子どもが描いた絵をほめてあげたいんですが、どう見ても下手だし……。嘘をいえばいいんでしょうか？

（女の子・5歳）

A1 できるまでの「過程」に注目してみて

なにごともほめるのって難しいですよね。大丈夫、お絵描きは子どもの自己表現なのでうまい下手は関係ありません。お子さんが表現した絵に評価（できた、上手、きれい）はいりません。また、おおげさにほめるとそれが評価につながったりします。**「たくさん時間をかけて描いたね」「この色の組み合わせが素敵」「前回よりもここのぬり方が綺麗になったね」など、それまでの過程に注目して**みると、子どもの新たな創造性や表現力に気付けるかも。

A2 事実を伝えれば大丈夫

ほめることが難しいときは事実を伝えてあげます。**「クレヨンで描いたのね！」「いろ**

んな色を使えているね！」「この赤色、ママ（パパ）も好きな色だ！」。そんな大人の言葉に、子どもも満たされます。

139

育児番組で見たように、怒らずに子どもの意見を尊重しながら子育てを行っています。しかしなかなかうまくいかず、子どもがどんどんわがままになってる感じがします。

（女の子・3歳）

A1 「アイメッセージ」で意思を伝える

たくさん受容されることが自己肯定感として積み重なります。でも、線引きとして「いけないことはいけないとしっかりと伝える」ことは必要です。**「○○ちゃんが○○すると、わたしは○○な気持ちだよ」という〝アイメッセージ〟、I＝わたしは（が）を主語にして相手に自分の意思を伝える**と効果的です。お子さんの行動に困ったとき、自分はこんな風に感じるよ、思っているよと伝えるんです。その都度、しっかり伝え続けることで他者の気持ちに気付くようになっていきます。

とはいえ、お子さんが成長するまでは折り合いがつかないこともあると思います。たとえば、お店でおもちゃが欲しくて癇癪さく裂！　こっちの気持ちや意見を伝えても子どもの気持ちが収まらない。そんなときは「欲しいのはわかったよ。また落ち着いてから話そうね」といったん話を終わりにして、お互い落ち着くまで待ったり、場所を変えたりしてみましょう。クールダウンです。

A2 家庭で叱らないのはありえないのでは？

テレビでは「怒らずに育てると素晴らしい子になる」などといっているかもしれませんが、**家庭のなかで全く叱らないということは現実的には難しい**と思います。意見を尊重することと、伝えるべきことを伝えることの境界線はとてもあいまいなものです。

140

危ないことや一般的にイケナイことをしようとしたとき、子どもに対してどのぐらいの強度で叱ればいいんでしょうか。

（男の子・4歳）

A1 聞いてから聞かせる

「ダメ！」と注意されることが多いと慣れてしまい、本当に伝えたいことが伝わらなかったりします。**「ダメ！」は最小限にして、まずは困った行動をする理由を聞いて**みましょう。子どもはその気持ちを受け止めてもらえたことで、相手の話を聞こうとする気持ちが育ち、こちらの話を素直に聞けるようになります。

A2 あえて声を抑える

もちろん命に危険があるときは「ダメ」と強くいってください。**保育園では、命にかかわる場面では、大きい声ではなく、声は抑えめに、真剣にいいます。**

141

仕事で疲れている日に、子どもの叫び声がうるさいとイライラしてしまう。それを子どもにはぶつけていないつもりですが、いい方や態度がキツくなってないか心配。

（男の子・2歳）

A1

正直に謝れば大丈夫！

大人の気持ちを子どもに伝えることは悪いことではありません。「わたし、仕事で疲れているから、もう少し静かにしてほしいな」と、素直に伝えてください。うまく伝わらず、**保護者さんが怒ってしまったとしても、そのことを反省できたなら、また正直に謝ればいいだけです。**どんな人でも、イライラしないことはありません。だからこそ、**相手に事情を伝えたり、謝ったりする姿を見せることもお子さんの成長の糧になります。**他者の気持ちを知る一助になります。大人の背中を見せるのは、かっこいいとか、素晴らしい姿だけでなくてもいいのです。

142

活発なのはいいんだけど、服の汚れが多く洗濯に苦労してます。泥汚れが落ちないので捨てるしかないことも。家計も苦しいです。

（男の子・3歳）

A2

親の思いは伝わっていますよ

大人も一人の人間です。さまざまな気持ちになり、その気持ちが行動に出るのはふつうのことです。時として、キツクなってしまうことがあっても日々のかかわりがあれば大丈夫。いい意味で、子どもは大人が思っているよりも、大人のことをよく見ています。ふだんから子どものことをちゃんと考えていることは伝わっていますよ。

A1

泥遊び用にはリユース品なども活用

元気がなによりとはいえ、洋服や靴などの泥汚れの毎日のお洗濯のご苦労、お察しします。ただ、悲しいことに泥で汚れた衣類はどんなに洗濯をしても元のようにはなりません。ですから割り切って、外遊び・泥遊び用の洋服と日常やお出かけの洋服とを区別してはどうでしょうか。**リユース品の安価な衣類の購入やどろんこ会の勝手かご（※）の衣類を利用される**こともおすすめです。

※「勝手かご」とは、どろんこ会の各施設の入り口に置いている「無人・無料の衣類のフリーマーケット」のこと。着なくなった子ども服をサイズ別に入れられるようにしています。欲しい服が見つかったら、どなたでも自由にお持ち帰りいただけます。

おわりに

今まさに子育て真っ只中の母親や父親のみなさんは、ご自身が子どもの頃は「先生や親のいうことを聞く子」「小学校ではみ出さない子」がよしとされた教育を受けてきましたよね？

しかし、時代も、人口構成も、コミュニケーションツールも大きく変化し、今や「豊かな人間性」と「課題を解決する思考力」が重視される時代へと変わってきました。日本ではこれを「生きる力」と表現していますが、子育てはまさに「生きる力育て」といえます。

現代人が幸せに生きるために欠かせない資質といわれる「自分の気持ちに折り合いをつける力」「人とかかわる力」は生まれつき備わっているものではなく、経験の積み重ねで獲得する後天的能力です。まだ身についていないとしても、それは当然のことなので、じょじょに手に入れてゆけばよいのです。

子どもは、〝思い通りにいかない経験〟や〝人を頼ったり、頼られたり、協力したり、時にけんかしたりをする経験〟を積み重ねることで、たくましく成長してゆきます。これらの経験には、当然「相手」が必要ですから、家庭より保育園や幼稚園のほうが経験しやすいかもしれません。

親ならばだれでも「我が子には幸せな人生を送ってほしい」と願うはずです。そして幸せな人生とは、子ども本人が〝よく生きている実感〟を持ち、自分の足でしっかりと人生を歩んでゆくことではないでしょうか？

ですから、ぜひこう考えてください。今、目の前で起きているお子さんの〝困った〟は、お子さんが生きる力を獲得するために必要なプロセスだと。たとえば、泥で汚れてしまうことは免疫を獲得するたいせつなプロセスなんだと。すると、子育てのたいへんな場面もポジティブに捉えられるはずです。

また、「生活力」と「危険なものとの距離の取り方」は、大人が子どもに見せて教えたり、経験の機会を用意しないと獲得できない、ということも忘れてはなりません。

たとえば、子どもは、「歌」を大人が歌う歌詞や音階を耳で聴いて覚え、「あやとり」を大人が毛糸を結いて遊ぶのを見て知ります。「たき火」をじっさいに経験してみて暖をとるのにちょうどよい距離感を覚え、「針仕事」をじっさいに経験してみて針の痛さや扱いを覚えてゆきます。

経験の一つひとつが、生活力と危険なものとの距離の取り方の獲得につながってゆくんだ……と思えば、子育ては意外と楽しく進むはずです。

最後にもう一つ、どろんこ会グループの場合、預かっている子どもたちは月20日間、1日10時間、起きている時間の多くを保育園で過ごしています。幼稚園であっても相当の時間を過ごしているのではないでしょうか。

「1か月のうち約200時間は生きる力育てを保育園（や幼稚園）にお任せする」

「朝晩と週末は親子の時間を噛みしめて過ごす」

こう切り分けて考えれば、子育てという重責から解かれ、いっしょに過ごす時間が今よりもっと貴重に感じられるのではないでしょうか。

この本を通してみなさんが〝さあ、我が子との時間を噛みしめるぞ！〟と思っていただけたならば、とてもうれしく思います。

社会福祉法人どろんこ会　理事長
安永愛香

著者

どろんこ会グループ

社会福祉法人どろんこ会、株式会社ゴーエスト、株式会社日本福祉総合研究所、株式会社南魚沼生産組合、株式会社Doronko Agriからなるグループ。全国約180箇所※に認可保育園や認定こども園、認証保育所、事業所内・院内保育所、学童保育室、地域子育て支援センター、児童発達支援センター、児童発達支援事業所、放課後等デイサービス、就労継続支援B型事業所などを運営している。1998年に安永愛香と高堀雄一郎夫妻が創業して以来、体験型保育・自然保育・異年齢保育・インクルーシブ保育を通じ、次代を担う子どもたちの「にんげん力」を育み、0歳から人生を終えるその時まで、誰もがよく生きられる社会を創ることを目指している。

※2025年4月現在

STAFF

装幀／上坊菜々子
イラスト／ナカニシヒカル
DTP／天龍社
校正／ケイズオフィス

現役保育士58人がリアルに答える
子育てのあるある「困った!」を解決する本

2025年4月20日　第1刷発行

著　者　どろんこ会グループ
発行者　木下春雄
発行所　一般社団法人 家の光協会
〒162-8448　東京都新宿区市谷船河原町11
電話 03-3266-9029(販売)
03-3266-9028(編集)
振替 00150-1-4724
印刷・製本　中央精版印刷株式会社

ISBN 978-4-259-54788-2 C0095